MEDO

Dados Internacionais de Catalogação na Publicação (CIP)
(Câmara Brasileira do Livro, SP, Brasil)

Nhat Hanh, Thich
  Medo : sabedoria indispensável para transpor a tempestade / Thich Nhat Hanh ; tradução de Maria Goretti Rocha de Oliveira. 2. ed. – Petrópolis, RJ : Vozes, 2015.
  Título original : Fear : essential wisdom for getting through the storm

  9ª reimpressão, 2025.

  Bibliografia.
  ISBN 978-85-326-4794-8
  1. Budismo – Doutrinas 2. Medo – Aspectos religiosos 3. Vida espiritual – Budismo I. Título.

14-03488   CDD-294.3444

Índices para catálogo sistemático:
1. Vida espiritual : Budismo   294.3444

Thich Nhat Hanh
MEDO

*Sabedoria indispensável para
transpor a tempestade*

Tradução de Maria Goretti Rocha de Oliveira

EDITORA
VOZES

Petrópolis

© 2012 by Unified Buddhist Church
Tradução publicada a partir de acordo com HarperOne,
um selo da HarperCollins Publishers

Tradução do original em inglês intitulado
Fear – Essential Wisdom for Getting Through the Storm

Direitos de publicação em língua portuguesa – Brasil:
2014, Editora Vozes Ltda.
Rua Frei Luís, 100
25689-900 Petrópolis, RJ
www.vozes.com.br
Brasil

Todos os direitos reservados. Nenhuma parte desta obra poderá ser reproduzida ou transmitida por qualquer forma e/ou quaisquer meios (eletrônico ou mecânico, incluindo fotocópia e gravação) ou arquivada em qualquer sistema ou banco de dados sem permissão escrita da editora.

Conselho editorial	Produção editorial
Diretor	Aline L.R. de Barros
Volney J. Berkenbrock	Anna Catharina Miranda
	Eric Parrot
Editores	Jailson Scota
Aline dos Santos Carneiro	Marcelo Telles
Edrian Josué Pasini	Mirela de Oliveira
Marilac Loraine Oleniki	Natália França
Welder Lancieri Marchini	Priscilla A.F. Alves
	Rafael de Oliveira
Conselheiros	Samuel Rezende
Elói Dionísio Piva	Verônica M. Guedes
Francisco Morás	
Teobaldo Heidemann	
Thiago Alexandre Hayakawa	

Secretário executivo
Leonardo A.R.T. dos Santos

Editoração: Fernando Sergio Olivetti da Rocha
Diagramação: Sheilandre Desenv. Gráfico
Capa: WM design
Ilustração de capa: Templo Wat Ounalom em Phnom Penh, Camboja
© Mart1n | freeimages.com

ISBN 978-85-326-4794-8 (Brasil)
ISBN 978-0-06-200472-7 (Estados Unidos)

Este livro foi composto e impresso pela Editora Vozes Ltda.

Sumário

Introdução – O destemor, 7

1 O tempo de antes, 15

2 O medo original, 25

3 Fazendo as pazes com o nosso passado, 33

4 Libertando-se de medos do futuro – As cinco lembranças, 41

5 Não há chegada, não há partida, 53

6 A dádiva do destemor, 71

7 O poder da consciência plena, 83

8 Aprendendo a parar, 93

9 Calmo em meio à tempestade, 99

10 Transformando o medo à nossa volta, 107

11 O céu azul além das nuvens, 117

12 Transformando o medo em amor – Os quatro mantras, 125

13 O oposto do medo, 133

14 Práticas para transformar o medo, 145

    14.1 Soltando o medo do corpo e dos sentimentos – Oito exercícios simples para uma consciência plena, 145

    14.2 Transformando as raízes mentais do medo – Oito exercícios de respiração, 159

    14.3 Relaxamento profundo para transformar o medo e o estresse, 170

    14.4 Meditação *Metta* – Que nós possamos viver livres de medo, 174

    14.5 Os cinco treinamentos para uma consciência plena, 179

    14.6 As cinco consciências, 183

Introdução
O destemor

A maioria de nós experimenta uma vida cheia de momentos maravilhosos e de momentos difíceis. Mas para muitos de nós, mesmo quando estamos muito alegres, há medo por trás da nossa alegria. Tememos que este momento termine, que não vamos conseguir o que necessitamos, que vamos perder aquilo que amamos, ou que não estaremos fora de perigo. Geralmente, o nosso maior medo é saber que um dia nossos corpos vão parar de funcionar. Então, mesmo quando estamos arrodeados de todas as condições de felicidade, nossa alegria não está completa.

Nós acreditamos que, para sermos mais felizes, devemos rejeitar ou ignorar nosso medo. Não nos sentimos à vontade quando pensamos sobre coisas que nos amedrontam, por isso negamos nosso medo: "Oh, não, eu não quero pensar sobre isso". Tentamos ignorar nosso medo, mas ele ainda está lá.

A única forma de atenuar o medo e ser verdadeiramente feliz é reconhecer que o medo existe e olhar profundamente para a origem dele. Ao invés de tentar fugir do nosso medo, podemos convidá-lo a subir à nossa consciência para olhá-lo com clareza e profundidade.

Temos medo das coisas exteriores a nós que não conseguimos controlar. Preocupamo-nos se vamos adoecer, envelhecer e perder as coisas que mais valorizamos. Tentamos nos agarrar às coisas que damos importância: nossa posição, nossa propriedade, as pessoas que amamos. Mas agarrar firme não alivia o nosso medo. Eventualmente, um dia, teremos que largar tudo e todos. Não podemos levá-los conosco.

Podemos pensar que, ignorando nossos medos, eles irão embora. Mas se nós escondermos nossas preocupações e ansiedades em nossa consciência, elas continuarão a nos afetar e a nos trazer mais aflição. Temos muito medo de ser impotentes. Mas temos o poder de compreender profundamente nossos medos, e assim o medo não consegue nos controlar. Podemos transformar nosso medo. A prática de viver inteiramente no momento presente – que chamamos de *consciência plena* – pode nos dar a coragem de enfrentar nossos medos para deixarmos de ser comandados e ameaçados por eles. Estar consciente significa compreender profundamente, tocar a nossa verdadeira natureza de interexistência e reconhecer que nada jamais está perdido.

Um dia, durante a Guerra do Vietnã, eu estava sentado num campo de aviação desocupado numa região montanhosa do Vietnã. Eu estava esperando um avião para ir ao Norte estudar uma situação de enchente e ajudar a socorrer as vítimas da cheia. A situação era urgente, por isso eu tinha que ir num avião militar, que era geralmente usado para transportar objetos, como cobertores e roupas. Eu estava sentado sozinho no campo de aviação esperando o próximo avião quando um oficial americano veio até mim. Ele também estava esperando o avião dele. Isso foi durante a guerra, e só tinha nós dois no aeródromo. Olhei para ele e vi que ele era jovem. Eu tive imediatamente muita compaixão dele. Por que ele teria de vir aqui para matar ou morrer? Então, por compaixão, eu disse: "Você deve estar com muito medo do vietcong". Os vietcongs eram os guerrilheiros comunistas vietnamitas. Infelizmente, eu não fui muito habilidoso, e o que falei aguçou a semente de medo nele. Ele imediatamente pegou sua arma e me perguntou: "Você é um vietcong?"

Antes de vir ao Vietnã, os oficiais das Forças Armadas dos Estados Unidos tinham aprendido que qualquer pessoa no Vietnã poderia ser um vietcong e o medo estava estabelecido em todo soldado americano. Qualquer criança, qualquer monge poderia ser um agente guerrilheiro. Os soldados tinham sido educados dessa forma, e eles viam inimigos em toda parte. Eu tinha tentado expressar minha empatia pelo soldado, mas logo que ele ouviu a palavra vietcong, foi dominado pelo seu medo, e sacou a arma.

Eu sabia que tinha que ficar muito calmo. Eu pratiquei inspirando e expirando muito profundamente, e então disse: "Não, eu estou esperando o meu avião para ir a Danang estudar a enchente e ver como posso ajudar". Eu tive muita empatia por ele, e isto transpareceu em minha voz. Enquanto conversávamos, fui capaz de comunicar que eu acreditava que a guerra tinha criado muitas vítimas, não só vietnamitas como também americanas. O soldado também se acalmou, e fomos capazes de conversar. Eu me salvei porque tive lucidez e calma suficientes. Se eu tivesse agido a partir do medo, ele teria atirado em mim com medo. Portanto, não pense que os perigos vêm somente de fora. Eles vêm de dentro. Se não reconhecermos e olharmos profundamente para os nossos próprios medos, podemos atrair perigos e acidentes para nós.

Todos nós experimentamos medo, mas se pudermos compreender profundamente nosso medo, seremos capazes de nos libertar das suas garras e tocar a alegria. O medo nos mantém focados no passado ou preocupados com o futuro. Se pudermos reconhecer nosso medo, podemos compreender que, neste exato momento, estamos bem. Hoje, neste exato momento, ainda estamos vivos, e nossos corpos funcionando maravilhosamente. Nossos olhos ainda conseguem ver o lindo céu. Nossos ouvidos ainda conseguem ouvir as vozes das pessoas que amamos.

A primeira parte da observação do nosso medo é simplesmente convidá-lo a entrar em nossa consciência sem julgamento. Nós apenas reconhecemos gentilmente que ele existe. Isto já traz muito alívio. Depois, quando nosso medo tiver se acalmado, nós podemos abraçá-lo com ternura e examinar profundamente suas raízes, suas origens. A compreensão das origens de nossas ansiedades e medos nos ajudará a dissipá--los. Será que nosso medo está vindo de algo que está acontecendo neste exato momento, ou este é um medo antigo, desde quando éramos pequenos, e que viemos guardando dentro de nós? Quando praticamos convidando nossos medos a virem à tona, tornamo-nos conscientes de que ainda estamos vivos, de que ainda temos muitas coisas para valorizar e desfrutar. Se não estivermos ocupados negando ou controlando nosso medo, podemos desfrutar a luz do sol, a neblina, o ar e a água. Se conseguir olhar profundamente para o seu medo e ter uma visão clara dele, você pode então realmente viver uma vida que vale a pena ser vivida.

O nosso maior medo é o de quando morrermos nos transformarmos em nada. Para estarmos realmente livres de medo devemos contemplar profundamente a dimensão última para compreender que nossa verdadeira natureza não nasce e não morre. Precisamos nos libertar da ideia de que somos apenas nossos corpos mortais. Quando compreendemos que somos mais do que nossos corpos físicos, e que não viemos do nada e não desapareceremos em inexistência, nós nos libertamos do medo.

Buda foi um ser humano, e ele também conhecia o medo. Mas como ele passava todo dia praticando em consciência plena e examinando minuciosamente o medo dele, ao se confrontar com o desconhecido ele foi capaz de enfrentá-lo calma e pacificamente.

Há uma estória sobre um tempo em que Buda estava caminhando e Angulimala, um famigerado matador serial, veio até ele. Angulimala gritou para Buda parar, mas Buda continuou andando lenta e calmamente. Angulimala o alcançou e exigiu que ele dissesse por que não tinha parado. Buda respondeu: "Angulimala, eu parei há muito tempo atrás. Foi você quem não parou". Ele continuou explicando: "Eu parei de cometer atos que causam sofrimento a outros seres vivos. Todos os seres vivos querem viver. Todos temem a morte. Nós devemos cultivar um coração compassivo e proteger as vidas de todos os seres". Chocado, Angulimala quis saber mais. No fim da conversa, Angulimala se comprometeu a nunca mais cometer atos violentos e decidiu se tornar um monge.

Como Buda poderia permanecer tão calmo e relaxado diante de um assassino? Este é um exemplo extremo, mas cada um de nós se defronta com nossos medos, de uma forma ou de outra, todo dia. Praticar diariamente a consciência plena pode ajudar muito. Começando com nossa respiração, começando com consciência, somos capazes de nos encontrar com qualquer coisa que surja em nosso trajeto.

O destemor não é somente possível, é a alegria suprema. Quando entra em contato com o destemor, você está livre. Se algum dia eu estiver num avião e o piloto anunciar que o avião está prestes a cair, vou praticar a respiração consciente. Se você receber notícias ruins, espero que faça o mesmo. Mas não espere chegar o momento crítico para começar a praticar para transformar o medo e viver conscientemente. Ninguém pode lhe dar destemor. Mesmo se Buda estivesse sentado aqui bem próximo a você, ele não poderia lhe dar isto. Você tem que praticar e realizar isto por si mesmo. Se tornar a prática da consciência plena num hábito, quando as dificuldades surgirem, você já saberá o que fazer.

1
O tempo de antes

Muitos de nós não nos lembramos disso, mas há muito tempo atrás nós vivíamos no ventre de nossas mães. Éramos seres humanos vivos pequeníssimos. Havia dois corações no corpo de sua mãe: o próprio coração dela e o seu coração. Durante este tempo sua mãe fazia tudo por você; ela respirava por você, comia por você, bebia por você. Você estava ligado a ela através do seu cordão umbilical. Oxigênio e comida chegavam até você através do cordão umbilical, e você vivia seguro e contente dentro da sua mãe. Você nunca estava com muito calor ou com muito frio. Você estava muito confortável. Você descansava sobre uma macia almofada d'água. Na China e Vietnã nós chamamos o ventre de o *palácio da criança*. Você passa cerca de nove meses no palácio.

Os nove meses que você passou no ventre foi um dos tempos mais agradáveis da sua vida. Então o dia do seu nascimento chegou. Você sentia tudo diferente à sua volta, e foi impelido a este novo ambiente. Você sentiu frio e fome pela primeira vez. Os sons eram altos demais, as luzes muito ofuscantes. Pela primeira vez você teve medo. Este é o medo original.

No palácio da criança você não precisava usar seus próprios pulmões. Mas, no momento em que nasceu, alguém cortou o cordão umbilical e você deixou de estar fisicamente unido à sua mãe. Sua mãe não pôde mais respirar por você. Você teve que aprender a respirar sozinho pela primeira vez. Se não conseguisse respirar sozinho, morreria. O nascimento foi um momento extremamente delicado. Você foi empurrado para fora do palácio, e encontrou sofrimento. Você tentava inspirar, mas era difícil. Havia um líquido nos seus pulmões, e para respirar você tinha que primeiro botar pra fora aquele líquido. Nós nascemos, e com o nascimento nasce o nosso medo junto ao desejo de sobreviver. Este é o desejo original.

Enquanto crianças, todos nós sabíamos que, para sobreviver, teríamos que ter alguém tomando conta de nós. Mesmo depois do nosso cordão umbilical ter sido cortado, nós ainda tínhamos que confiar inteiramente nos adultos para sobreviver. Quando você depende de alguém ou de outra coisa para sobreviver, isto significa que ainda existe um elo, um tipo de cordão umbilical invisível, entre vocês.

Quando crescemos nosso medo original e desejo original continuam existindo. Embora não sejamos mais bebês, ainda tememos que não conseguiremos sobreviver, que ninguém cuidará de nós. Todo desejo que teremos em nossas vidas terá suas raízes neste desejo fundamental, original, de sobreviver. Enquanto bebês, todos nós encontramos formas de assegurar nossa sobrevivência. Pode ser que tenhamos nos sentido muito impotentes. Tínhamos pernas, mas não conseguíamos andar. Tínhamos mãos, mas não conseguíamos agarrar coisa alguma. Tínhamos que descobrir uma maneira de ter alguém para nos proteger, cuidar de nós e garantir nossa sobrevivência.

Todo mundo, às vezes, tem medo. Temos medo da solidão, de ser abandonado, de envelhecer, de morrer, de ficar doente, entre muitos outros medos. Às vezes, podemos sentir medo sem saber exatamente por quê. Se praticarmos contemplando profundamente, veremos que este medo é o resultado daquele medo original do tempo em que éramos recém-nascidos, indefesos e incapazes de fazer qualquer coisa por nós mesmos. Embora tenhamos nos tornado adultos, aquele medo original e desejo original ainda estão vivos. O nosso desejo de ter um parceiro é, em parte, uma continuação do nosso desejo de ter alguém que cuide de nós.

Enquanto adultos, geralmente temos medo de lembrar ou de entrar em contato com aquele medo e desejo originais, porque a criança indefesa dentro de nós ainda está viva. Não tivemos a oportunidade de conversar com ela. Não despendemos tempo cuidando da criança ferida, a criança indefesa dentro de nós.

Para a maioria de nós, o medo original continua de alguma forma. Às vezes, podemos talvez nos sentir com medo de ficar só. Podemos sentir que "sozinho não consigo; eu tenho que ter alguém". Isto é uma continuidade do nosso medo original. Mas se examinarmos profundamente, descobriremos que temos a capacidade de acalmar o nosso medo e de encontrar nossa própria felicidade.

Precisamos olhar de perto nossos relacionamentos para ver se eles estão baseados primeiramente numa necessidade mútua ou numa felicidade mútua. Temos a tendência de pensar que nosso parceiro tem o poder de nos fazer sentir bem, e que não estaremos bem a menos que tenhamos aquela pessoa presente. Pensamos: "Eu preciso desta pessoa para cuidar de mim, ou não sobreviverei".

Se o seu relacionamento estiver baseado no medo, ao invés de na compreensão e felicidade mútuas, ele não tem uma base sólida. Você pode sentir que precisa daquela pessoa para sua própria felicidade. No entanto, num determinado momento você pode achar que a presença da outra pessoa é um transtorno e querer se livrar dela. Assim você sabe, com certeza, que os seus sentimentos de paz e segurança realmente não vieram daquela pessoa.

De forma semelhante, se você gosta de passar muito tempo numa cafeteria, pode ser que não seja porque aquela cafeteria é muito interessante. Pode ser que seja porque você tem medo de ficar só; você sente que tem que estar sempre com outras pessoas. Quando você liga a televisão, pode ser que não seja por causa de um programa fascinante que queira assistir; mas sim porque você tem medo de estar só consigo mesmo.

Se você teme o que outras pessoas poderiam pensar de você, isso vem da mesma origem. Você tem medo de que se outras pessoas pensarem negativamente sobre você, elas não lhe aceitarão e você ficará totalmente só, em perigo. Então, se você precisa que os outros pensem sempre coisas boas a seu respeito, isto é uma continuação daquele mesmo medo original. Se você regularmente vai ao *shopping* comprar roupas novas pra você, é por causa daquele mesmo desejo; você quer ser aceito pelos outros. Você tem medo de rejeição. Você tem medo de ser abandonado e deixado só, sem alguém para tomar conta de você.

Nós temos de examinar profundamente para identificar o desejo e o medo primordiais, originais que estão por trás de tantos comportamentos nossos. Cada um dos medos e desejos que você tem hoje é uma continuação do medo e desejo originais.

Um dia eu estava andando e senti algo como um cordão umbilical me ligando ao sol no céu. Eu vi muito claramente que se o sol não estivesse ali eu morreria imediatamente. Depois eu vi um cordão umbilical me ligando ao rio, e compreendi que se o rio não estivesse ali, eu também morreria, porque não haveria água para eu beber. E vi um cordão umbilical me ligando à floresta. As árvores na floresta estavam criando oxigênio para eu respirar. Sem a floresta, eu morreria. E vi um cordão umbilical me ligando ao fazendeiro que cultiva os vegetais, o trigo e arroz que eu cozinho e como.

Quando você pratica meditação, você começa a ver coisas que outras pessoas não veem. Embora você não veja estes cordões umbilicais, eles estão ali, ligando você à sua mãe, ao seu pai, ao fazendeiro, ao sol, ao rio, à floresta, e assim por diante. Meditação pode incluir visualização. Se fosse para você desenhar um quadro de si mesmo com estes vários cordões umbilicais, você descobriria que não existem apenas cinco ou dez, mas talvez centenas ou milhares deles, e você está ligado a todos eles.

Em Plum Village, onde moro no sudoeste da França, nós gostamos de usar *gathas*, pequenos poemas de prática, que recitamos silenciosamente ou em voz alta durante o dia, que nos ajudam a viver profundamente cada ação da nossa vida cotidiana. Nós temos um *gatha* para acordar de manhã, um *gatha* para escovar os dentes, e até mesmo *gathas* para quando utilizamos o carro ou o computador. O *gatha* que recitamos enquanto servimos nossa comida diz assim:

> Neste alimento
> Eu vejo claramente
> A presença do universo inteiro
> Sustentando minha existência[1].

Examinando profundamente os vegetais, vemos que os raios de sol estão neles, as nuvens estão neles,

---

[1]. Uma coletânea completa de *gathas* e informações sobre como praticá-los na vida diária pode ser encontrada no meu livro *Peace is Every Breath*.

a terra também está, e muito trabalho árduo, cheio de amor também está naquele alimento diante de nós. Olhando desta maneira, mesmo se ninguém mais estiver sentado conosco partilhando esta refeição, nós sabemos que nossa comunidade, os nossos ancestrais, a Mãe Natureza e todo o cosmos estão exatamente ali conosco e dentro de nós em cada momento. Não precisamos nunca nos sentir solitários.

Uma das primeiras coisas que podemos fazer para acalmar nosso medo é conversar com ele. Você pode se sentar com a criança medrosa dentro de si e ser amável com ela. Você poderia dizer algo assim: "Querida criancinha, eu sou o seu eu adulto. Eu gostaria de lhe dizer que nós não somos mais um bebê, indefeso e vulnerável. Temos mãos e pés fortes; nós podemos muito bem nos defender. Então não há mais razão para continuarmos amedrontados".

Eu acredito que conversar desta maneira com sua criança interior pode ser muito benéfico, porque a criança interior pode estar profundamente ferida, e ela está esperando que nos voltemos para ela. Todas as feridas de infância dela continuam existindo, e nós estivemos tão ocupados que não tivemos tempo de nos voltar para ajudá-la a se curar. Por isso é muito importante ter tempo de nos voltar para reconhecer a presença da criança ferida dentro de nós, conversar com ela e tentar ajudá-la a se curar. Podemos lembrá-la diversas vezes que não somos mais crianças indefesas, que nós crescemos e nos tornamos adultos, e podemos muito bem cuidar de nós mesmos.

Prática: Conversando com sua criança interior

Coloque duas almofadas no chão. Primeiro sente-se numa almofada e faça de conta que você é a criança desamparada e vulnerável. Você se expressa: "Querida, eu me sinto muito impotente. Não consigo fazer coisa alguma. Está muito perigoso. Eu vou morrer; ninguém está cuidando de mim". Você tem que falar a linguagem do bebê. E enquanto estiver se expressando desta forma, se os sentimentos de medo, de impotência, estresse e desespero vierem à tona, por favor, permita que eles venham à tona e os reconheça. Permita que a criança impotente tenha o tempo suficiente de se expressar inteiramente. Isso é muito importante.

Depois que ela tiver terminado, mude para a outra almofada e represente o papel do eu adulto. Enquanto olha para a outra almofada, imagine que a criança indefesa está sentada ali e converse com ela: "Escute-me. Eu sou o seu eu adulto. Você não é mais uma criança impotente; nós crescemos e já nos tornamos adultos. Nós temos inteligência suficiente para nos proteger, para sobrevivermos sozinhos. Não precisamos mais de alguém para tomar conta de nós".

Quando experimentar este exercício, você verá que o sentimento de proteção e segurança que você quer sentir não precisa vir do apego à outra pessoa ou de você estar constantemente se distraindo. Reconhecer e acalmar o medo interiormente é o primeiro passo para deixá-lo ir embora.

Compreender que agora estamos fora de perigo é essencial para aqueles entre nós que sofreram abuso, medo ou dor no passado. Às vezes podemos precisar de um amigo, um irmão, uma irmã, um professor, que nos ajude a não cair de volta no passado. Nós crescemos. Agora somos capazes não só de nos defender como também de viver inteiramente no momento presente e de ser afetuosos com os outros.

2
O medo original

Muitos de nós nos pegamos frequentemente pensando em coisas que atiçam sentimentos de medo e aflição. Nós todos experienciamos algum sofrimento no passado, e geralmente relembramos do nosso sofrimento passado. Revisitamos o passado, rememorando-o e assistindo os filmes do passado. Mas se revisitarmos estas memórias sem cuidado ou consciência, todas as vezes que assistirmos àquelas imagens sofreremos novamente.

Suponha que você foi maltratado quando era criancinha. Você sofreu imensamente. Você era frágil e vulnerável. Possivelmente você se sentia amedrontado o tempo todo. Você não sabia como se proteger. Talvez em sua mente você continue sendo maltratado muitas e muitas vezes, mesmo que agora seja um adulto. Você não é mais aquela criança frágil e vulnerável, sem meios de defesa. Mesmo assim você continua a experimentar o sofrimento da criança, porque sempre revisita aquelas memórias mesmo que elas sejam dolorosas.

Existe um filme, uma imagem armazenada na sua consciência. Toda vez que sua mente volta ao passado e você olha aquela imagem ou assiste aquele filme, sofre novamente. A consciência plena nos lembra que é possível viver no aqui e agora. Ela nos lembra que o momento presente está sempre disponível para nós. Nós não temos que reviver eventos que aconteceram muito tempo atrás.

Suponha que alguém deu um tapa no seu rosto vinte anos atrás. Aquilo ficou gravado como uma imagem no seu subconsciente. O seu subconsciente armazena muitos filmes e imagens do passado que estão sempre sendo projetados lá embaixo. E você tem a tendência de voltar para assisti-los muitas e muitas vezes, por isso continua a sofrer. Toda vez que vê aquela cena você é esbofeteado novamente, e outras tantas vezes mais.

Mas aquilo é somente o passado. Você não está mais no passado; você está no presente. Aquilo *aconteceu* sim, no passado. Mas o passado já se foi. Agora as únicas coisas que restaram são imagens e memórias. Se você ficar retornando ao passado para rever estas imagens, isto significa atenção incorreta. Mas se nos enraizarmos no momento presente podemos olhar o passado de uma maneira diferente e transformar o sofrimento do passado.

Talvez, quando você era uma criancinha, as pessoas tomavam os brinquedos de você e os levava embora. Você aprendeu a chorar, chorar para manipular a situação; ou sorrir para agradar sua babá e fazê-la devolver o brinquedo. Quando era criança você aprendeu a fabricar um sorriso diplomático. Esta é uma maneira de lidar com o problema da sobrevivência. Você aprende sem sequer saber que está aprendendo. O sentimento de ser frágil, vulnerável, incapaz de se defender, o sentimento de sempre precisar de alguém para estar com você, está ali sempre. Aquele medo original e a outra face dele, o desejo original, estão ali sempre. A criança, com seus medos e desejos, está sempre viva em nós.

Alguns de nós tem depressão e continua a sofrer mesmo se na situação presente tudo parece estar bem. Isto se dá porque temos a tendência de viver no passado. Nós nos sentimos mais confortáveis criando o nosso lar no passado, mesmo que ele contenha muito sofrimento. Este lar está nas profundezas do nosso subconsciente onde os filmes do passado estão sendo sempre projetados. Toda noite você volta e assiste aqueles filmes e sofre. E o futuro que você se preocupa constantemente não é outra coisa senão uma projeção do medo e desejo advindos do passado.

Não tema o passado

Porque é tão fácil ficar aprisionado ao passado, é bom ter um lembrete que nos ajude a permanecermos presentes. Em Plum Village nós usamos um sino. Quando ouvimos o sino, nós praticamos inspirando e expirando conscientemente e dizemos: *"Eu escuto o sino. Este som maravilhoso me traz de volta ao meu verdadeiro lar"*. O meu verdadeiro lar está no aqui e agora. O passado não é o meu verdadeiro lar.

Pode ser que você queira dizer à sua criancinha interior: o passado não é o nosso lar; nosso lar está no aqui, onde podemos realmente viver nossa vida. Nós podemos conseguir todo o sustento e cura que precisamos aqui no momento presente. Grande parte do medo, ansiedade e angústia que experimentamos existe porque a criança interna não foi posta em liberdade. Aquela criança está com medo de se revelar no momento presente, e portanto sua consciência plena, sua respiração, pode ajudá-la a compreender que ela está fora de perigo e pode ser livre.

Suponha que você vai ao cinema. Do seu assento na plateia você olha para a tela no alto. Existe uma estória; existem pessoas na tela interagindo umas com as outras. E lá embaixo na plateia você chora. Você experimenta o que está acontecendo na tela como sendo real, e por isso derrama lágrimas reais e sente emoções reais. O sofrimento é real, as lágrimas são reais. Mas quando você se levanta e toca a tela, você não vê nenhuma pessoa real. Tudo não passa de luz cintilante. Você não pode conversar com as pessoas na tela; você não pode convidá-las para tomar um chá. Você não pode pará-las e fazer uma pergunta a elas; no entanto a estória pode criar sofrimento real no seu corpo e também na sua mente. Nossas memórias podem nos causar sofrimento real, tanto emocional quanto fisicamente, mesmo que não estejam acontecendo no presente.

Quando reconhecemos que temos um hábito de tocar novamente a gravação de antigos eventos, e de reagir aos novos eventos como se fossem antigos, podemos começar a perceber quando esta energia habitual surge. Podemos então, com delicadeza, nos lembrar que temos outra escolha. Podemos olhar para o tempo presente como ele é: um momento novo, e deixar o passado para uma hora em que possamos olhar para ele compassivamente.

Nós podemos criar tempo e espaço, não num momento atribulado, mas num momento calmo, para dizer a criança ferida e sofredora dentro de nós que ela não precisa continuar sofrendo. Nós podemos pegar a mão dela e convidá-la a vir ao momento presente e testemunhar todas as maravilhas da vida que estão disponíveis no aqui e agora: "Venha comigo, querida. Nós crescemos. Não precisamos continuar tendo medo. Não somos mais vulneráveis. Deixamos de ser frágeis. Não temos mais que viver amedrontados".

Você tem que ensinar a criança dentro de si. Você tem que convidá-la a vir com você e viver a vida com você no momento presente. Nós certamente podemos refletir conscientemente sobre o passado e aprender com base nele, mas quando fazemos isto permanecemos estabelecidos[2] no momento presente. Se estivermos bem-estabelecidos no momento presente, nós

---

2. Em inglês, o adjetivo *grounded*, aqui traduzido como "estabelecidos", tem vários significados. Neste contexto, também significa "estar sensatamente em controle das nossas emoções mesmo quando isto é difícil" (*Longman Dictionary of Contemporary English*) [N.T.].

podemos olhar habilmente para o passado e aprender a partir dele sem ser sugado ou oprimido por ele.

Contemplando o futuro sem medo

Do mesmo modo, podemos nos preparar para o futuro sem sermos consumidos por nossos planos. Geralmente, ou não planejamos de forma alguma, ou nos aprisionamos planejando excessivamente, porque tememos o futuro e suas incertezas. É no momento presente que precisamos agir. Quando você está verdadeiramente ancorado no momento presente, você consegue planejar o futuro de uma maneira muito melhor. Viver conscientemente no presente não exclui fazer planos. Apenas significa que você sabe que é inútil perder-se em preocupações e medos concernentes ao futuro. Se estiver estabelecido no momento presente, você consegue trazer o futuro para o presente para olhá-lo profundamente sem se perder em ansiedade e incerteza. Se estiver verdadeiramente presente e souber cuidar do momento presente da melhor maneira possível, você já estará fazendo o melhor que pode pelo futuro.

Isto também é verdade com relação ao passado. O ensinamento e a prática da consciência plena não proíbe a investigação profunda do passado. Mas se nos deixarmos mergulhar em arrependimentos e aflições relativos ao passado, isto não é a correta consciência plena. Se estivermos bem-estabelecidos no momento presente, podemos trazer o passado para o presente e examiná-lo profundamente. Você pode muito bem examinar o passado e o futuro enquanto estiver estabelecido no momento presente. De fato, você pode aprender mais com o passado e planejar melhor o futuro da melhor maneira se estiver estabelecido no momento presente.

Se tiver um amigo sofrendo, você tem que ajudá-lo. "Querido amigo, você se encontra em terreno seguro. Tudo agora está bem. Por que você continua a sofrer? Não volte ao passado. Ele é apenas um fantasma; ele é irreal". E todas as vezes que nós reconhecermos que são apenas filmes e imagens, não a realidade, ficamos livres. Esta é a prática da consciência plena.

3
Fazendo as pazes com o nosso passado

O nosso medo original não começa a existir somente a partir do nosso nascimento e infância; o medo que sentimos vem do nosso próprio medo original e o dos nossos ancestrais. Nossos ancestrais sofreram passando fome e outros perigos, e houve momentos em que eles estiveram extremamente ansiosos. Este tipo de medo nos foi transmitido; cada um de nós tem este medo dentro de si. Porque sofremos deste medo, pioramos a situação. Nós nos preocupamos com nossa segurança, nosso trabalho e nossa família. Nós nos preocupamos com as ameaças externas. Mesmo quando nada de ruim está acontecendo, isto não nos impede de sentir medo.

Uma vez, um jovem americano veio a Plum Village praticar meditação com muitos outros jovens. Naquela ocasião, eu sugeri a todos os presentes que escrevessem uma carta de amor ao pai ou à mãe, independentemente de ele ou ela ainda estarem vivos. Escrever carta é uma forma de praticar meditação. Este jovem rapaz não conseguia escrever uma carta, porque todas as vezes que pensava no pai ele sofria muito. O pai dele já tinha morrido, mesmo assim o jovem não conseguia se reconciliar com o pai. O pai tinha aterrorizado tanto o garoto, em fase de crescimento, até o ponto que, mesmo hoje, ele temia falar com o pai através de uma carta. Ele não aguentava sequer pensar no pai, muito menos escrever para ele. Então eu dei a ele um exercício para praticar por uma semana: *"Inspirando, eu me vejo como uma criança de cinco anos. Expirando, eu sorrio para aquela criança de cinco anos"*.

Quando você é um garotinho ou uma menininha, você é muito frágil, muito vulnerável. Só um olhar austero do seu pai pode criar uma pequena ferida no seu coração. Se o seu pai lhe disser para calar a boca, você pode se magoar. Você é muito tenro. Às vezes você quer se expressar, tenta com toda força encontrar palavras, e seu pai está um pouco irritado e diz "Cale-se". É como uma tigela de água gelada sendo derramada no seu coração. Isto lhe fere profundamente, e na próxima vez você não ousará tentar novamente. Sua comunicação com seu pai torna-se muito difícil. *"Inspirando, eu me vejo como uma criança de cinco anos. Expirando eu sorrio para aquela criança de cinco anos"*.

Você acha que esta criança deixou de existir? O garotinho ou menininha ainda vive dentro de você, e talvez ainda esteja profundamente magoado(a). Aquela criança está pedindo sua atenção. Mas você não tem tempo para ela. Você está muito ocupado. Você se considera como uma pessoa adulta, mas, de fato, você também é aquela menininha ou menininho profundamente magoada(o) e medrosa(o). Portanto, quando você inspira e se vê como uma criancinha frágil assim, a compaixão nasce em seu coração. E, quando expira, você sorri para a criança, e aquele já é um sorriso de compreensão e de compaixão.

A criancinha interior pode sofrer muito. Quando você era pequenino, você foi profundamente afetado pelas decisões que os adultos fizeram a sua volta. Uma criança é muito impressionável. Mesmo antes de ela nascer, a criança ouve sons e consegue distinguir gritos de cantos. Por isso, se você realmente se importa com seu filho, mesmo que ele ainda não tenha nascido, você arrodeará aquela criança com amor. Amor dever começar muito cedo.

Tem muitos jovens que dizem que odeiam seus pais ou mães. Eles às vezes me dizem em termos bem claros e contundentes: "Eu não tenho nada a ver com ele ou com ela". Estas pessoas estão tão iradas com os pais que querem desfazer completamente o relacionamento. Às vezes, as pessoas têm boas razões para se separarem física ou emocionalmente dos seus pais, especialmente se eles forem abusivos. Às vezes tememos que, se estivermos perto dos nossos pais, estaremos muito vulneráveis e vamos nos magoar novamente.

Mas mesmo se recusarmos ver nossos pais ou conversar com eles, não podemos nos separar completamente deles. Nós fomos criados a partir deles. Nós somos nossos pais. Nós somos nossas mães. Isto é verdade mesmo quando pensamos que os odiamos.

Somos a continuação das nossas mães e pais. Não conseguimos arrancar esta parte de nós. Ficar com raiva de nossos pais não muda isto. Nós estamos somente ficando com raiva de nós mesmos. Precisamos nos reconciliar com nossos pais internos, conversar com eles, e buscar uma maneira de coexistir pacificamente. Se conseguirmos realizar isto, a reconciliação será fácil.

Somos capazes de grandes mudanças, tanto interiormente quanto em nossa habilidade de influenciar o mundo exterior a nós. Porque temos medo, geralmente pensamos que não sabemos o que fazer. Mas somente precisamos praticar andando e respirando conscientemente, cultivando a energia da consciência plena e da compreensão. A compreensão, quando surge, ajuda-nos a nos desprender do nosso medo, da nossa raiva, do nosso ódio, e assim por diante. O amor só pode nascer no solo da compreensão.

Quando dizemos que corpo e mente estão conectados, não estamos nos referindo apenas ao seu corpo e mente individual. Em você estão todos os seus ancestrais consanguíneos e também seus ancestrais espirituais. Você pode tocar a presença do seu pai e mãe em cada célula do seu corpo. Eles estão verdadeiramente presentes em você, juntamente com seus avós e bisavós. Fazendo isto, você sabe que é uma continuação deles. Você poderia ter pensado que os seus ancestrais deixaram de existir, mas até mesmo os cientistas dizem que seus ancestrais estão presentes em você, na sua herança genética que está em cada célula do seu corpo. O mesmo é verdade para os seus descendentes. Você estará presente em cada célula dos corpos deles. E você está presente na consciência de cada pessoa que você tocou.

Pense num pé de ameixa. Em cada ameixa, na árvore, há um caroço. Aquele caroço contém a ameixeira e todas as gerações anteriores da ameixeira. O caroço da ameixa contém infinitos pés de ameixa. Dentro do caroço há uma inteligência, uma sabedoria que sabe como se transformar numa ameixeira, como produzir galhos, folhas, flores e ameixas. O caroço não consegue fazer isto sozinho. Ele só consegue fazer isto porque recebeu a experiência e adaptações de inúmeras gerações de ancestrais. Com você é a mesma coisa. Você possui a sabedoria e a inteligência de se tornar um ser humano na íntegra, porque herdou uma infinidade de sabedorias, não só dos seus ancestrais consanguíneos como também dos seus ancestrais espirituais.

Seus ancestrais espirituais estão em você porque aquilo que você é por natureza e aquilo que você é por criação não podem ser separados. A educação transforma sua natureza herdada. Sua espiritualidade e sua prática da consciência plena, que são partes da sua vida diária, também estão em cada célula do seu corpo. Portanto, seus ancestrais espirituais estão em cada célula do seu corpo. Você não pode negar a presença deles.

Alguns de nós têm pais maravilhosos; outros têm pais que sofreram muito e fizeram seus parceiros e filhos sofrerem. Quase todo mundo tem alguns admiráveis ancestrais consanguíneos e outros que tiveram tantos traços negativos que não nos orgulhamos deles. Todos eles são nossos ancestrais. Nós também podemos ter ancestrais espirituais que não nos ajudaram e que podem até mesmo ter nos prejudicado. Podemos ter raiva deles, mas eles continuam sendo nossos ancestrais.

Nós precisamos nos voltar para dentro de nós para abraçar nossos ancestrais consanguíneos e espirituais. Não podemos nos livrar deles. Eles são uma realidade e vivem dentro de nós, em corpo, mente e espírito. Aceitação incondicional é o primeiro passo para se abrir a porta para o milagre do perdão.

Prática: Aceitando os nossos ancestrais

Para aceitar verdadeiramente os outros como eles são, devemos começar conosco. Se não conseguimos nos aceitar da forma como somos, nunca vamos ser capazes de aceitar os outros. Quando olho para mim mesmo vejo coisas positivas, admiráveis e até mesmo notáveis, mas também sei que existem partes negativas em mim. Então, primeiro eu me reconheço e me aceito.

Inspirando e expirando você visualiza os seus ancestrais, e vê todos os pontos positivos e negativos deles. Esteja determinado a aceitar todos eles, sem hesitação, como ancestrais seus.

Queridos ancestrais, eu sou vocês, com todos os seus pontos fortes e fracos. Eu vejo que vocês têm sementes negativas e positivas. Compreendo que vocês tiveram sorte e que as boas sementes de bondade, compaixão e destemor foram aguadas em vocês. Eu também compreendo que se vocês não tiverem tido sorte, e as sementes negativas do medo, ganância e ciúme tiverem sido aguadas em vocês, neste caso, as sementes positivas não tiveram a oportunidade de crescer.

Quando as sementes positivas de uma pessoa são regadas na vida, em parte isso se dá devido à sorte e, em parte, devido ao esforço. As circunstâncias de nossas vidas podem nos ajudar a regar as sementes de paciência, generosidade, compaixão e amor. As pessoas à nossa volta podem nos ajudar a regar estas sementes, como também a prática da consciência plena pode. Mas se uma pessoa cresceu num tempo de guerra ou numa família e comunidade que estão sofrendo, essa pessoa pode ficar cheia de desespero e de medo. Os pais que sofrem muito e temem o mundo e as outras pessoas, regam as sementes de medo e raiva em seus filhos. Se as crianças crescem envoltas em segurança e amor, suas sementes boas são nutridas e crescem fortes.

Se conseguir olhar os seus ancestrais desta forma, você compreenderá que eles foram seres humanos que sofreram e deram o melhor de si. Esta compreensão extinguirá toda rejeição e raiva. Aceitar todos os seus ancestrais com seus pontos fortes e fracos lhe ajudará a se tornar mais calmo e menos medroso. Você pode também ver seus irmãos e irmãs mais velhos como sendo (os mais jovens dos) seus ancestrais, porque eles nasceram antes de você. Eles também têm pontos fortes e desafiadores, como todos nós.

Fazer as pazes com os seus ancestrais requer alguma prática, mas é importante se reconciliar com eles se você quiser resolver o medo dentro de si. Você pode fazer isto em qualquer lugar, diante de um altar ou de uma árvore ou montanha, ou na cidade. Tudo o que precisa fazer é visualizar a presença de todos os seus ancestrais dentro de si. Você é uma continuação deles. Somente quando fizer as pazes com eles poderá viver 100% no momento presente.

4
Libertando-se de medos do futuro
As cinco lembranças

Além de ficarmos aprisionados revivendo eventos que aconteceram no passado, nós geralmente andamos em círculos com medo do que acontecerá conosco no futuro. O medo da morte é um dos maiores medos que as pessoas têm. Quando examinamos diretamente as sementes deste medo, ao invés de tentar encobri-las ou de fugir delas, nós começamos a transformá-las. Uma das maneiras mais poderosas de fazer isto é praticando as cinco lembranças. Se você respira lenta e conscientemente, inspira e expira, profunda e lentamente enquanto afirma estas cinco lembranças para si mesmo, isso lhe ajudará a investigar profundamente a natureza e raízes do seu medo.

As cinco lembranças são:

1) Envelhecer faz parte da minha natureza. Eu não consigo escapar do envelhecimento.

2) Adoecer faz parte da minha natureza. Eu não consigo escapar da doença.

3) Morrer faz parte da minha natureza. Eu não conseguirei escapar da morte.

4) Mudar faz parte da natureza de todos aqueles que estimo e de todos aqueles que amo. Não há como eu evitar separar-me deles.

5) Eu herdo os resultados dos meus atos de corpo, fala e mente. Minhas ações são continuações minhas.

Contemplando profundamente cada lembrança, enquanto inspiramos e expiramos conscientes de cada uma delas, possibilita-nos enfrentar nosso medo de forma resoluta.

Envelhecer faz parte da minha natureza – Eu não consigo escapar do envelhecimento

Esta é a primeira lembrança: *"Inspirando, eu sei que envelhecer faz parte da minha natureza. Expirando, eu sei que não sou capaz de me livrar do envelhecimento".* Todos nós temos medo de envelhecer. Não queremos pensar nisso. Queremos que aquele medo fique lá embaixo quietinho, longe de nós. Esta contemplação vem do sutra em Anguttara Nikaya III 70,71: *Eu certamente terei de envelhecer.* Esta é uma verdade universal e inevitável. Mas a maioria de nós não quer reconhecê-la, por isso vivemos mais ou menos em negação. No entanto, lá embaixo, nos recessos da nossa mente, sabemos que isso é verdade. Quando reprimimos nossos pensamentos medrosos, eles continuam apostemando lá no escuro. Nós somos levados a consumir (comida, álcool, filmes etc.) numa tentativa de esquecer e evitar que estes pensamentos emerjam em nossa consciência mental. Fugir do medo, em última instância, nos faz sofrer, faz os outros sofrerem, e o nosso medo simplesmente cresce mais forte.

Nós devemos ser capazes de aceitar isto como sendo a realidade, como sendo a verdade, e não apenas como um fato lógico. Recitar esta lembrança não significa apenas reafirmar o óbvio, mas é uma chance de internalizar aquilo que precisamos experimentar diretamente. Podemos passar algum tempo deixando que esta verdade penetre em nossa carne e ossos. Não devemos deixá-la somente no nível da compreensão intelectual. ("Sim, sim, é claro, eu agora estou jovem, mas um dia estarei velho".) Isto é apenas uma ideia abstrata que não traz benefício algum, especialmente porque nossa mente geralmente trabalha para reprimi-la e esquecê-la logo após falarmos sobre ela.

Buda ensinou que, quando convocamos e entramos em contato com a verdade de que nós não podemos escapar do envelhecimento e morte, o nosso medo e as tolices que fazemos para tentar não senti-lo cessarão. Deixamos de reagir aos nossos medos inconscientemente e de alimentar o ciclo que os fortalecem cada vez mais.

Adoecer faz parte da minha natureza – Eu não consigo escapar da doença

A segunda lembrança reconhece que a doença é um fenômeno universal: *"Inspirando, eu sei que adoecer faz parte da minha natureza. Expirando, eu sei que não consigo escapar da doença".* Sidarta, como Buda era chamado antes de praticar e se iluminar, era um dos rapazes mais fortes em Kapilavastu. Ele geralmente ficava em primeiro lugar nas competições esportivas, e todos, inclusive o seu primo invejoso Devadatta, sonhavam em ter a destreza de Sidarta. Naturalmente, Sidarta ficou arrogante, sabendo que poucas pessoas eram tão fortes quanto ele. Mas quando investigava profundamente sentado em meditação, Sidarta reconhecia sua arrogância e era capaz de superá-la.

Se estivermos com a saúde normal, podemos pensar que adoecer acontece com os outros. Olhamos arrogantemente para as outras pessoas, dizendo que elas estão sempre adoecendo por nada; que têm que tomar remédios e receber massagem o tempo todo. Pensamos que não somos como elas.

Mas é provável que um dia nós também cairemos doentes. Se não contemplarmos diligentemente esta realidade agora, quando, de repente, este dia chegar não seremos capazes de lidar com ele. Nossas pernas ainda estão fortes; podemos correr, andar em meditação, jogar futebol. Nós ainda podemos usar nossos braços para fazer muitas coisas. Mas a maioria de nós não está fazendo um bom uso da nossa habilidade de cuidar dos outros e de nós mesmos. Não usamos nossa energia para praticar, transformando nossas aflições e ajudando a aliviar o sofrimento nosso e dos outros.

Um dia, estaremos acamados, e mesmo que queiramos apenas ficar de pé e dar um passo, não seremos capazes de fazer isto. Por isso devemos compreender já no momento presente que, porque temos um corpo, certamente adoeceremos um dia. Vendo isto, naturalmente largamos a nossa arrogância sobre nossa saúde. O caminho da conduta correta aparecerá; faremos um bom uso do nosso tempo e energia para fazer o que for necessário e não ser arrastados por atividades sem sentido que podem destruir nossos corpos e mentes. Ficará claro o que precisamos fazer.

Morrer faz parte da minha natureza – Não conseguirei escapar da morte

Esta é a terceira lembrança: *"Inspirando, eu sei que morrer faz parte da minha natureza. Expirando, eu sei que não conseguirei escapar da morte"*. Este é um fato simples e verdadeiro que você não quer enfrentar. Você quer que este fato se esvaia porque tem medo. É doloroso pra você examinar profundamente isto. Morte é uma realidade que temos que enfrentar. A mente subconsciente está sempre tentando se esquecer disso, porque, quando tocamos este medo sem estarmos equipados com a energia da consciência plena, sofremos. Nossos mecanismos de defesa nos pressionam a esquecer; não queremos ouvir este assunto. Mas por trás das nossas mentes o medo da morte está sempre ali, nos pressionando.

Quando nós realmente encaramos o fato de que vamos morrer um dia (talvez antes do que imaginamos), nós não vamos nos envergonhar fazendo coisas ridículas, mantendo a delusão[3] de que iremos viver para sempre. Contemplar nossa mortalidade nos ajuda a focar nossa energia na prática de transformar e curar nós mesmos e o nosso mundo.

Mudar faz parte da natureza de tudo o que gosto e de todos os que amo – Não há como eu conseguir não me separar deles

Esta é a quarta lembrança: *"Inspirando, eu sei que um dia terei que largar tudo e todos aqueles que amo. Expirando, não há como levá-los junto comigo"*. Tudo o que hoje eu estimo terei de deixar pra trás amanhã, seja minha casa, minha conta bancária, os meus filhos ou o meu lindo companheiro. Tudo aquilo por que eu hoje tenho apreço, terei de abandonar. Eu não poderei carregar coisa alguma comigo quando eu

---

3. Ter uma delusão ou estar deludido significa não ter visão correta, ou estar apegado a uma falsa convicção contrária às evidências. No budismo, a mente deludida é uma mente não iluminada, aprisionada em visões errôneas, que causam sofrimento; sendo o apego, a raiva e a ignorância consideradas as três principais delusões que levam a todas as outras aflições. O Darma de Buda objetiva libertar nossa mente da visão errônea e deludida da realidade; e se baseia na premissa de que somente através da compreensão da mente e suas funções podemos transcender os pensamentos e emoções perturbadores que nos atormentam [N.T.].

morrer. Esta é uma verdade científica. Aquilo de que cuidamos com carinho, e que hoje nos pertence, não existirá amanhã; nós teremos que nos despedir não só dos objetos que mais valorizamos como também das pessoas que amamos.

Não poderemos levar junto conosco coisa alguma nem mais ninguém na hora da nossa morte. No entanto, todo dia nós lutamos para acumular cada vez mais dinheiro, conhecimento, fama e tudo o mais. Até mesmo quando atingimos os sessenta ou setenta anos de idade, nós continuamos ávidos por mais conhecimento, dinheiro, fama e poder. Sabemos que os souvenires e pertences que cobiçamos devem todos ser abandonados um dia. Por isso, aqueles que ingressam na vida monástica praticam não juntar coisas. Buda disse que os monásticos deveriam ter somente três mantos, uma tigela para mendigar, um filtro de água e um tapete de sentar, e mesmo estas poucas coisas eles também devem estar preparados para largar. Buda dizia frequentemente que não devemos nos apegar nem mesmo aos pés daquela árvore onde gostamos de sentar e dormir. Devemos ser capazes de sentar e dormir aos pés de qualquer árvore. Nossa felicidade não deve depender de termos um lugar específico. Devemos estar prontos para abrir mão.

Se praticarmos e estivermos prontos para abrir mão, podemos ser livres e felizes hoje, neste exato momento. Se não conseguirmos abrir mão, sofreremos não só no dia quando finalmente seremos forçados a fazer isto, mas hoje, neste exato momento, e durante todos os dias até lá, porque o medo estará nos espreitando constantemente. Existem pessoas idosas que ainda são muito gananciosas e mesquinhas, como um "pão-duro", continuam acumulando tudo. Isto é uma lástima. Não porque elas não sejam suficientemente inteligentes para compreender que, num dia não muito distante, talvez dentro de alguns meses, elas terão de deixar tudo pra trás. Mas sim porque a cobiça se tornou um hábito no decorrer de suas vidas. No decorrer da vida, elas estiveram buscando felicidade no ato de acumular coisas. Mesmo três meses antes de falecer, aquele hábito ainda é muito forte e as impedem de abrir mão.

Existe uma lenda vietnamita sobre um homem rico chamado Thach Sung, que era muito orgulhoso porque o armazém dele tinha tudo o que podia ser encontrado no armazém do rei. Ele parabenizava a si mesmo por ter a mesma quantidade de ouro e riqueza que o rei tinha, talvez até mais. Um dia o rei perguntou a Thach Sung se ele tinha certeza que era o homem mais rico. Thach Sung tinha tanta certeza que fez uma aposta, que se tivesse alguma coisa no armazém do rei que não tivesse no armazém dele, ele daria ao rei tudo o que possuía. Esta é a arrogância da riqueza. Com os ministros do rei testemunhando, o desafio começou. De fato, tudo o que o rei expunha, Thach Sung também tinha. Mas no final do dia houve uma coisa que o rei tinha e que Thach Sung não tinha: uma panela de cozinhar quebrada! Aquela panela de cozinhar quebrada não podia ser usada para fazer sopa, mas podia ser usada para cozinhar pratos de peixe ou tofu. O ministro da justiça declarou que Thach Sung tinha perdido a aposta. Thach Sung teve que cumprir com o prometido e dar ao rei toda a propriedade dele. Ele ficou tão triste que se transformou num lagarto, sempre estalando a língua "Tique, tique! Tique-tique!"

Nós não queremos nos tornar Thach Sung, buscando felicidade no acúmulo de bens materiais. Uma vez, Buda disse aos monásticos que olhassem o céu à noite para ver a lua, e perguntou-lhes se eles compreendiam quão grandiosa era a felicidade da lua enquanto ela se deslocava no imenso espaço sideral. Nós praticantes devemos nos permitir ser tão livres quanto a lua. Se estivermos presos à ideia de obter cada vez mais riqueza, fama, poder e sexo, perdemos nossa liberdade.

Eu herdo os resultados das minhas ações de corpo, fala e mente – Minhas ações são continuações minhas

A quinta lembrança nos lembra que, quando morrermos, as únicas coisas que nos farão continuar são pensamentos, palavras e ações – isto é, o nosso carma. *"Inspirando, sei que nada levarei comigo, a não ser os meus pensamentos, palavras e feitos. Expirando, somente minhas ações me acompanharão"*. Todos os pensamentos que você pensou, todas as palavras que você disse, todas as ações que realizou com o seu corpo são o seu carma, que lhe segue e lhe faz continuar. Tudo o mais você deixa pra trás.

Estamos falando aqui de herdar, não as economias dos nossos pais, mas sim os frutos de nossas próprias ações. Aquilo que pensamos, dissemos e fizemos é chamado de carma [*karma*, em sânscrito], que significa ação. O que fazemos, dizemos e pensamos continuam depois do ato ter acontecido, e os seus frutos nos seguem. Quer queiramos aquela herança ou não, ela permanece conosco. Todos os nossos estimados pertences e pessoas amadas teremos que deixá-los pra trás, mas o nosso carma, o fruto de nossas ações, nos seguirá sempre. Nunca conseguimos escapar dele; nunca podemos dizer "Não! Você não tem o direito de me perseguir!" Carma é o chão que nos apoia. Nós temos somente um alicerce, e este é o nosso carma. Não temos outro chão. Nós receberemos os frutos de quaisquer atos que fizermos, sejam estes benéficos ou maléficos.

Trazendo consciência plena para as sementes do medo

A prática das cinco lembranças nos ajuda a aceitar muitos dos nossos medos profundos – como envelhecimento, doença e morte – como sendo realidades, fatos que não conseguimos nos safar. Quando praticamos aceitando estas verdades, conseguimos realizar a paz e ter a capacidade de viver uma vida consciente, saudável e compassiva, não mais causando sofrimento a nós mesmos e aos outros.

Convide o seu medo a vir à consciência, e sorria dele do princípio ao fim. Toda vez que sorrir do medo, de um extremo ao outro, ele se enfraquecerá um pouco mais. Se tentar fugir da sua dor, não haverá saída. Somente investigando a natureza do seu medo você conseguirá encontrar a saída.

Contemplando as cinco lembranças nós levamos consciência plena à semente de medo dentro de nós. A semente de medo existe dentro de nós, e se não praticarmos abraçando o medo conscientemente, toda vez que estas verdades aparecerem nos sentiremos muito desconfortáveis. Como avestruzes quando veem um leão, nós enfiamos a cabeça dentro do areal. Usando diversões como televisão, jogos eletrônicos, bebidas alcoólicas e drogas, tentamos ignorar as realidades do envelhecimento, doença, morte e a impermanência das coisas que estimamos.

Se nos permitirmos ser dominados por nossos medos, nós sofreremos, e a semente do medo em nós crescerá mais forte. Mas quando estamos conscientes, usamos a energia da consciência plena para abraçar o nosso medo. Toda vez que o medo é abraçado pela consciência plena, a energia do medo diminui antes de retornar às profundezas de nosso consciência enquanto semente.

Nossa consciência é como um círculo [dividido ao meio] onde a parte inferior é nossa consciência armazenadora e a parte superior é a nossa consciência mental. O medo do envelhecimento, o medo da doença, o medo da morte, o medo de ter que abrir mão e o medo das consequências do nosso carma estão todos lá na consciência armazenadora. Não queremos enfrentar nosso medo, por isso o encobrimos, o mantemos lá embaixo no porão. Não gostamos quando alguém ou algo nos faz lembrar dele. Não queremos que ele apareça em nossa consciência mental.

Consciência plena é o oposto desta tendência. Temos que convidar estas coisas a virem à tona em nossa consciência mental todo dia, e dizer a elas: *"Minhas queridas, eu não tenho medo de vocês. Eu não temo meu medo. Faz parte da minha natureza envelhecer; eu não consigo escapar do envelhecimento".* Quando o medo se manifestar, nós queremos ter a semente da consciência plena também manifesta para abraçá-lo. Assim teremos duas energias presentes – a primeira é a energia do medo, e a segunda é a energia da consciência plena. O medo recebe um banho de consciência plena e se torna um pouco mais fraco antes de retornar às profundezas da nossa consciência em forma de semente.

Só porque o medo desaparece por algum tempo, isto não significa que nós o dissolvemos completamente. Se estivermos num momento tranquilo, num momento de meditação, podemos chamá-lo para vir à tona novamente. *"Meu querido medo, suba aqui, para que eu possa abraçá-lo por um instante. Morrer faz parte da minha natureza; não conseguirei escapar da morte".* Nós podemos ficar com o nosso medo por cinco, dez, vinte ou trinta minutos, dependendo das nossas necessidades, e usar a energia da nossa consciência plena para abraçá-lo. Sendo abraçado desta forma todos os dias, nosso medo perderá sua força.

5
Não há chegada, não há partida

O maior de todos os nossos medos é o de quando morrermos nos transformarmos em nada. Muitos de nós acreditamos que toda nossa existência está limitada a um período específico, a nossa "expectativa de vida". Acreditamos que nossa vida começa no nascimento– quando, a partir do nada nos transformamos em algo – e termina quando morremos e nos tornamos nada novamente. Portanto, estamos cheios de medo do aniquilamento.

Mas, se examinarmos profundamente, poderemos ter uma compreensão muito diferente da nossa existência. Podemos ver que nascimento e morte são apenas noções; elas não são reais. Buda ensinou que não existe nascimento e não existe morte. A nossa crença de que estas ideias sobre nascimento e morte são reais criam uma ilusão poderosa que nos causa muito sofrimento. Quando compreendemos que não podemos ser destruídos, nós nos libertamos do medo. É um grande alívio. Podemos desfrutar a vida e apreciá-la de uma nova maneira.

Quando perdi minha mãe, eu sofri muito. No dia em que ela morreu, eu escrevi em meu diário: "O maior infortúnio da minha vida aconteceu". Eu chorei a morte dela por mais de um ano. Então, uma noite, eu estava dormindo em meu eremitério – uma cabana erguida atrás de um templo, meio caminho subindo um morro coberto de ervas para infusão, nas montanhas do Vietnã – e tive um sonho com minha mãe. Eu me vi sentado com ela e nós estávamos tendo uma conversa maravilhosa. Ela tinha uma aparência jovem e bela, com seus cabelos caídos em volta dos ombros. Era tão agradável estar sentado e conversando com ela, era como se ela nunca tivesse morrido.

Quando acordei, eu tive um sentimento muito forte de que nunca tinha perdido minha mãe. O sentimento de que minha mãe ainda estava comigo era muito claro. Eu compreendi que aquela ideia de ter perdido minha mãe era simplesmente uma ideia. Ficou óbvio naquele momento que minha mãe ainda estava viva dentro de mim e estaria sempre.

Eu abri a porta e fui lá fora. Toda a encosta do morro estava sendo banhada pelo luar. Andando devagar naquela luz suave através das fileiras de hortaliças, eu observei que minha mãe de fato ainda estava comigo. Minha mãe era o luar me acariciando como ela tinha feito tão frequentemente, muito gentil, muito doce. Toda vez que meus pés tocavam a terra, eu sabia que minha mãe estava ali comigo. Eu sabia que meu corpo não era só meu, mas uma continuação viva da minha mãe e do meu pai, dos meus avós e bisavós, e de todos os meus ancestrais. Estes pés, que eu via como "meus" pés, eram na realidade "nossos" pés. Juntos, minha mãe e eu, estávamos deixando pegadas no solo úmido.

Daquele momento em diante, a ideia de que eu tinha perdido minha mãe deixou de existir. Tudo o que eu tinha que fazer era olhar a palma da minha mão, ou sentir a brisa em minha face ou a terra sob os meus pés, para lembrar que minha mãe estava sempre comigo, disponível a qualquer momento.

Quando você perde uma pessoa amada, você sofre. Mas se soube reexaminar profundamente, terá a chance de compreender que a natureza daquela pessoa é de fato uma natureza livre de nascimento e morte. Existe manifestação, e existe a cessação daquela manifestação para que outra manifestação surja. Você tem que estar alerta para reconhecer as novas manifestações de uma pessoa. Mas com prática e empenho você consegue. Preste atenção ao mundo à sua volta, nas folhas e flores, nos pássaros e na chuva. Se conseguir parar e olhar profundamente, você reconhecerá o seu amado se manifestando muitas e muitas vezes de várias formas. Você se libertará do seu medo e dor e abraçará novamente a alegria da vida.

O presente está livre de medo

Quando não estamos totalmente presentes, não estamos realmente vivendo. Não estamos realmente disponíveis, seja para as pessoas que amamos ou para nós mesmos. Se não estivermos presentes, então onde estamos? Estamos correndo, correndo, correndo, mesmo durante nosso sono. Corremos porque estamos tentando fugir do nosso medo.

Não podemos desfrutar a vida se empregamos nosso tempo e energia nos preocupando com o que aconteceu ontem e o que acontecerá amanhã. Se estivermos com medo o tempo todo, perdemos a chance de desfrutar o fato maravilhoso que é estar vivo e poder ser feliz neste exato momento. Diariamente, tendemos a acreditar que a felicidade só é possível no futuro. Estamos sempre buscando as condições "certas" que ainda não temos para nos fazer felizes. Ignoramos o que está acontecendo diante de nós. Buscamos algo que nos fará sentir mais confiantes, mais protegidos, mais seguros. Mas estamos o tempo todo com medo do que o futuro trará: medo de perder nossos empregos, nossos pertences, as pessoas próximas que amamos. Então esperamos, com esperança, aquele momento mágico – sempre num dia futuro – quando tudo estará do jeito que queremos que esteja. Esquecemos que a vida está sempre disponível somente no momento presente. Buda disse "é possível viver alegremente no momento presente. Este é o único momento que temos".

O tesouro enterrado

A Bíblia conta a estória de um fazendeiro que descobriu um tesouro enterrado na terra dele. Ao voltar pra casa, ele desistiu de todo o resto da terra e de tudo o mais que possuía. Ele manteve somente aquele pequeno pedaço de terra que continha o tesouro. Aquele tesouro é o Reino de Deus. Nós sabemos que devemos buscar o Reino de Deus no momento presente, porque o momento presente é o único que *existe*. O passado ficou pra trás, o futuro ainda não chegou. Portanto, o lugar onde você deve buscar o Reino de Deus ou a Terra Pura de Buda, o lugar onde você deve buscar sua felicidade, sua paz e realização, tem que ser no momento presente. É tão simples e claro. Mas como temos a tendência de escorregar de volta ao passado ou de correr em direção ao futuro, temos de reconhecer este hábito e aprender como se libertar dele para nos estabelecer realmente no momento presente.

Quando Buda deu uma palestra para uma grande multidão de homens de negócios, o cerne da mensagem transmitida a eles foi: "É possível viver alegremente exatamente aqui no momento presente". Buda viu que a maioria dos homens de negócios estava muito preocupada com o sucesso futuro e era incapaz de desfrutar o momento presente. Eles não tinham tempo nem para eles mesmos nem para suas famílias; não tinham tempo para amar e fazer as pessoas à sua volta felizes. Eles estavam sendo continuamente sugados pelo futuro.

A Terra Pura existe no momento presente. A Terra Pura é agora ou nunca. O mesmo é verdade com relação ao Reino de Deus: ou é agora ou nunca. O Reino de Deus não é apenas uma ideia encantadora, é uma realidade. Quando você respira e anda conscientemente, você volta pra casa do momento presente, e toca as inúmeras maravilhas da vida dentro de si e à sua volta; e tudo isto pertence ao Reino de Deus. Se você encontrou o Reino de Deus, você não precisa mais correr atrás de fama, riquezas e prazeres sensuais.

Quando vamos para a casa do momento presente, compreendemos que existem tantas condições de felicidade que não precisamos sair correndo atrás de mais outra. Já temos condições suficientes para sermos felizes. A felicidade é inteiramente possível aqui, neste exato momento.

O ensinamento de Buda sobre viver alegremente no momento presente é um ensinamento muito agradável. Podemos ser felizes neste exato momento. A prática também é muito agradável. Quando subimos o morro juntos, não precisamos nos esforçar; nós desfrutamos cada passo. Andando deste jeito, se estivermos livres do passado e livres do futuro, podemos tocar o Reino de Deus, a Terra Pura de Buda, em cada passo.

O aqui e agora

Cheguei, estou em casa
No aqui e no agora
Estou forte, estou livre
Eu moro na dimensão última[4]

---

4. Este gatha é cantado diariamente, em vários idiomas, nos monastérios de Plum Village. Sua versão em português encontra-se no CD *Ameixas de Plum Village grown in Brazil*, disponível no site da Livraria Cultura [N.T.].

Quando retornamos ao aqui e agora, nós reconhecemos as várias condições de felicidade já existentes. A prática da consciência plena é a prática de voltar ao aqui e agora para entrar profundamente em contato com nós mesmos e com a vida. Temos que nos treinar para fazer isto. Mesmo que sejamos muito inteligentes e apreendamos imediatamente os princípios, ainda temos que nos treinar para realmente viver desta forma. Temos que nos treinar para reconhecer as várias condições de felicidade que já estão aqui presentes.

Você pode recitar o poema acima enquanto inspira e expira. Você pode praticá-lo quando estiver dirigindo até o escritório. Pode ser que não tenha chegado ao escritório, mas mesmo enquanto dirige você já chegou em seu verdadeiro lar: o momento presente. E quando chegar ao escritório, este também será seu verdadeiro lar. Pois, no escritório, você também está no aqui e agora. Praticar somente o primeiro verso do poema, *"Cheguei, estou em casa"*, pode lhe fazer muito feliz. Esteja você sentado, andando, aguando as verduras da horta, ou alimentando seu filho, é sempre possível praticar "cheguei, estou em casa". Eu corri minha vida toda; não vou correr mais; agora estou determinado a parar e realmente viver minha vida.

Quando praticamos inspirando e dizemos "cheguei", e realmente chegamos, isto significa ter êxito. Estar totalmente presente, 100% vivo, é uma verdadeira realização. O momento presente se tornou nosso verdadeiro lar. Quando expiramos e dizemos "estou em casa", e realmente nos sentimos em casa, não temos mais o que temer. Nós realmente não precisamos mais correr.

Repetimos este mantra *"Cheguei, estou em casa"* até que o sintamos realmente. Continuamos inspirando e expirando e dando passos até estarmos firmemente estabelecidos no aqui e agora. As palavras não devem ser um obstáculo – as palavras apenas lhe ajudam a se concentrar e manter vivo o seu *insight*. É o *insight* que lhe mantém em casa, não as palavras.

As duas dimensões da realidade

Se você conseguiu chegar em casa, e realmente habitar o aqui e agora, já tem a solidez e liberdade que são os alicerces da sua felicidade. Então você é capaz de ver as duas dimensões da realidade: a histórica e a última.

Para representar as duas dimensões da realidade nós usamos as imagens da onda e da água. Olhando a dimensão da onda, a dimensão histórica, vemos que a onda parece ter um início e um fim. A onda pode ser alta ou baixa, comparada com outras ondas. A onda pode ser mais ou menos bela do que outras ondas. A onda pode existir e inexistir; ela pode estar ali agora, mas não depois. Todas estas noções existem quando primeiro entramos em contato com a dimensão histórica: nascimento e morte, ser ou não ser, alto e baixo, chegar e partir, e assim por diante. Mas nós sabemos que, quando tocamos a onda mais profundamente, entramos em contato com a água. Água é outra dimensão da onda. Ela representa a dimensão última [ou suprema].

Na dimensão histórica nós falamos em termos de vida, morte, ser, não ser, alto, baixo, chegar, partir; mas na dimensão última todas estas noções são descartadas. Se a onda for capaz de tocar a água dentro dela, e, ao mesmo tempo, conseguir viver a vida da água, ela não terá medo de todas estas noções: começo e fim, nascimento e morte, ser e não ser; o destemor levará solidez e alegria para ela. A verdadeira natureza dela é a natureza que não nasce e não morre, não começa e não termina. Esta é a natureza da água.

Todos nós somos como esta onda. Temos nossa dimensão histórica. Falamos em termos de começar a existir num determinado ponto no tempo, e de deixar de existir noutro ponto no tempo. Acreditamos que estamos existindo agora e que, antes do nosso nascimento, não existíamos. Aprisionamo-nos nestas noções, e por isso temos medo, temos ciúme, temos anseios, temos todos estes conflitos e aflições dentro de nós. Agora se formos capazes de chegar, de sermos mais fortes e livres, será possível para nós tocarmos nossa verdadeira natureza, a nossa dimensão última. Ao tocarmos esta dimensão última, nos libertamos de todas aquelas noções que nos fizeram sofrer.

Quando o medo se enfraquece um pouco, podemos olhar profundamente a origem dele a partir da perspectiva da dimensão última. Na dimensão histórica, vemos nascimento, morte e velhice; mas na dimensão última, nascimento e morte não são a verdadeira natureza das coisas. A verdadeira natureza das coisas é livre de nascimento e morte. O primeiro passo é praticar na dimensão histórica, e o segundo, praticar na dimensão última. No primeiro passo, aceitamos que nascimento e morte estão acontecendo, mas no segundo passo, como estamos em contato com a dimensão última, nós compreendemos que nascimento e morte vêm de nossas mentes conceituais e não a partir de uma verdadeira realidade. Ao estar em contato com a dimensão última, somos capazes de estar em contato com a realidade de todas as coisas que é sem nascimento e sem morte.

Praticar na dimensão histórica é muito importante para o êxito da nossa prática na dimensão última. Praticar na dimensão última significa estar em contato com a nossa natureza que não nasce e não morre, como uma onda em contato com sua real natureza de água. Podemos questionar metaforicamente "De onde vem a onda e para onde ela vai?" E podemos responder da mesma maneira. "A onda vem da água e retornará para a água." Na realidade, não existe chegada e partida. A onda é sempre água; ela não "veio a partir" da água, e ela não vai a lugar algum. Ela é sempre água; chegar e partir são apenas construções mentais. A onda nunca se afastou da água, portanto dizer que a onda "vem da" água não é realmente correto. Como ela é água sempre, não podemos dizer que "ela retorna" à água. No exato momento em que a onda é onda, ela já é água. Nascimento e morte, chegar e partir, são apenas conceitos. Quando entramos em contato com a nossa natureza, que não nasce e não morre, ficamos destemidos.

A natureza não nascida e imortal

A nuvem não consegue se transformar em nada. É possível para a nuvem se transformar em chuva, neve ou granizo. Mas é impossível para a nuvem se transformar em nada. Por isso a noção do aniquilamento é uma visão errada. Se você é um cientista e pensa que após a desintegração do seu corpo você deixa de existir – você se transforma em nada, passa da existência para a inexistência –, então você não é um bom cientista, porque sua visão contradiz a evidência.

Então nascimento e morte são noções acasaladas, como chegar e partir, permanência e aniquilamento, eu e outro. A nuvem surgindo no céu é uma nova manifestação. Antes de assumir a forma de nuvem, a nuvem era um vapor d'água, produzida a partir da água do oceano e do calor da luz solar. Você poderia chamar isto de a vida passada da nuvem. Portanto, ser uma nuvem é apenas uma continuidade. Uma nuvem não veio do nada. Uma nuvem sempre vem de algo. Então, não há nascimento, só existe continuidade. Assim é a natureza de tudo: nenhum nascimento, nenhuma morte.

O cientista francês do século XVIII Antoine Lavoisier afirmou: "Rien ne se crée, rien ne se perd" (nada se cria, nada se perde). Lavoisier viu a mesma verdade que Buda viu, que nada nasce e nada morre. Nossa verdadeira natureza não nasce e não morre. Somente quando tocamos nossa verdadeira natureza podemos transcender o medo de inexistir, o medo do aniquilamento.

Quando as condições são suficientes, algo se manifesta e dizemos que aquilo existe. Quando uma ou duas condições deixam de existir e a coisa não está se manifestando da mesma maneira, dizemos que ela inexiste. Qualificar algo como existindo ou inexistindo é incorreto. Na realidade, não existe algo que seja totalmente existente ou totalmente inexistente.

Não há chegada nem partida

Para muitos de nós, estas noções de nascimento e morte, chegada e partida, causam a nossa maior dor. Pensamos que a pessoa que amávamos veio até nós de algum lugar e agora foi embora para algum lugar. Mas nossa verdadeira natureza é uma natureza que nem chega e nem vai embora. Não viemos de lugar algum, e não iremos para lugar algum. Quando as condições são suficientes, nos manifestamos de uma forma particular. Quando as condições deixam de ser suficientes, deixamos de nos manifestar daquela maneira. Isto não significa que inexistimos. Se temos medo da morte, é porque não compreendemos que as coisas realmente não morrem.

Existe uma tendência de as pessoas pensarem que elas podem eliminar o que não querem; que elas podem atear fogo num vilarejo, em matar uma pessoa. Mas destruir alguém não reduz aquela pessoa a nada. Eles mataram Mahatma Gandhi. Eles atiraram em Martin Luther King Jr. Mas estas pessoas continuam entre nós ainda hoje. Elas continuam existindo em muitas formas. O espírito delas continua. Portanto, quando examinamos profundamente o nosso eu – nosso corpo, nossos sentimentos e nossas percepções –, quando olhamos as montanhas, os rios, e outra pessoa, temos que ser capazes de ver, e de nos conectar com, a natureza que não nasce e não morre delas. Esta é uma das práticas mais importantes na tradição budista.

Impermanência

De acordo com a sabedoria budista, a visão da imortalidade, ou permanência, é uma visão errônea. Tudo é impermanente; tudo está mudando. Nada pode permanecer o mesmo para sempre. Portanto, a permanência não faz parte da verdadeira natureza de coisa alguma. Mas dizer que, quando morremos, nada resta, também é uma visão errada. Imortalidade e aniquilação também são pares de opostos. Imortalidade é uma visão errada, porque até então ainda não vimos coisa alguma assim. Tudo o que observamos é impermanente, sempre mudando. Mas aniquilamento também é uma visão errada.

Suponha que estamos falamos da morte de uma nuvem. Você olha o céu acima, não vê mais a sua querida nuvem e chora: "Oh, minha querida nuvem, você não existe mais. Como posso sobreviver sem você?" E você chora. Você está pensando na nuvem como tendo passado do ser para o não ser, da existência para a inexistência.

Mas a verdade é que é impossível para uma nuvem morrer. Morrer significa que, de algo, você subitamente se transforma em coisa nenhuma. Morrer significa que de alguém você de repente se transforma em ninguém. Mas temos visto que este não é o caso. Por isso, quando celebramos o aniversário de alguém, ao invés de cantarmos "Feliz aniversário pra você", fosse melhor cantar "Feliz dia de continuidade para você". Seu nascimento não foi o seu início, mas somente sua continuação. Você já estava aqui, de outras formas.

Vamos examinar esta folha de papel. Antes desta folha de papel aparecer desta forma, ela era algo diferente. Ela não veio do nada, porque do nada você não consegue subitamente se tornar algo. Examinando profundamente esta folha de papel, podemos ver as árvores, o solo, o sol, a chuva e as nuvens que nutriram as árvores, o lenhador e a fábrica de papel. Você consegue ver a vida passada da folha de papel, de onde ela veio. Tomar forma como uma folha de papel é simplesmente sua nova manifestação; não é realmente um nascimento. Portanto, a natureza da folha de papel é destituída de nascimento e morte.

É impossível para a folha de papel morrer. Quando você queima a folha de papel, você vê ela se transformar em fumaça, vapor, cinza e calor. A folha de papel continua em outras formas. Então dizer que após algo se desintegrar não fica nada é uma visão errônea, chamada de *visão do aniquilamento*.

Se perdemos alguém muito próximo a nós e estamos de luto por sua morte, temos que contemplar novamente. Aquela pessoa ainda continua de alguma forma. E nós podemos fazer algo para ajudá-la a continuar mais lindamente. Ela ainda está viva, dentro de nós e à nossa volta. Olhando desta maneira, ainda podemos reconhecê-la em diversas formas, tal como reconhecemos a nuvem em nossa xícara de chá. Quando você bebe o seu chá com consciência plena e concentração, você compreende que a nuvem está bem ali dentro do seu chá, muito próxima. Você nunca perdeu sua amada. Ela apenas mudou de forma.

Este é o tipo de visão, o tipo de *insight* necessário para superar a tristeza. Pensamos que perdemos aquela pessoa para sempre, mas aquela pessoa não morreu, não desapareceu. Ela continua em novas formas. Nós temos que praticar examinando profundamente para reconhecer a continuação dela e apoiá-la. "Querido, eu sei que você existe de alguma forma muito real para mim. Estou inspirando por você. Estou passeando e vendo as coisas por você. Eu desfruto a vida por você. E sei que você ainda está muito próximo a mim, e dentro de mim". Nós transformamos o nosso sofrimento e nosso medo num *insight* do despertar, e nos sentimos muito melhor.

Quando superamos a noção de nascimento e morte, deixamos de ser controlados pelo medo. A noção de ser e a noção de não ser podem criar uma quantidade tremenda de medo. Quando a nuvem desaparece no céu, ela não passa do estado de ser para o de não ser – ela continua sempre. A natureza da nuvem não nasce e não morre. A natureza do seu amado é assim, e você também é assim.

Apreciando onde estamos

Imagine que dois astronautas vão à lua, e enquanto eles estão lá, acontece um acidente e a nave não pode trazê-los de volta à Terra. Eles só têm oxigênio para dois dias. Não há esperança de alguém vir da Terra a tempo de resgatá-los. Eles só têm dois dias de vida.

Se alguém perguntasse a eles naquele momento: "O que vocês mais desejam?, eles responderiam: "Voltar pra casa e caminhar no lindo Planeta Terra". Isso bastaria para eles; eles não iam querer mais nada. Eles não pensariam em ser o chefe de uma grande corporação, uma celebridade famosa, ou o presidente dos Estados Unidos. Eles não quereriam mais nada a não ser estar aqui de volta, andando sobre a Terra, desfrutando cada passo, ouvindo os sons da natureza, ou segurando a mão da pessoa amada enquanto contemplam a lua à noite.

Nós devemos viver cada dia como pessoas que acabaram de ser resgatadas de morrerem na lua. Estamos na Terra agora, e precisamos apreciar o fato de estar andando sobre este lindo planeta. O Mestre Zen Linji disse: "O milagre não é andar sobre a água ou o fogo. O milagre é andar sobre a terra". Eu guardo este ensinamento no coração. Gosto de andar simplesmente, mesmo em lugares agitados como aeroportos e estações de trem. Andando dessa forma, com cada passo acariciando nossa Mãe Terra, podemos inspirar outras pessoas a fazerem o mesmo. Podemos desfrutar cada minuto de nossas vidas.

Encontrando o chão firme

Cotidianamente, nosso medo faz com que a gente se perca. O nosso corpo está aqui, mas nossa mente está por toda parte. Às vezes mergulhamos num livro, e o livro nos carrega para bem longe do nosso corpo e da realidade onde vivemos. Então, logo que levantamos a cabeça do livro, voltamos a ser dominados por preocupações e medos. Mas raramente retornamos à nossa paz interior, à nossa clareza, à natureza búdica que existe em cada um de nós, para que possamos estar em contato com a Mãe Terra.

Muitas pessoas se esquecem do próprio corpo. Elas vivem num mundo imaginário. Elas têm tantos planos e medos, tantas agitações e sonhos, que não vivem em seus corpos. Enquanto estivermos aprisionados em medo e tentando planejar uma fuga do medo, não somos capazes de ver toda a beleza que a Mãe Terra nos oferece. A consciência plena lhe lembra de retornar à sua inspiração e estar totalmente com sua inspiração, e de estar totalmente com sua expiração. Traga sua mente de volta ao corpo e esteja no momento presente. Olhe profundamente para o que está diante de você e que é maravilhoso no momento presente. A terra é tão poderosa, tão generosa e tão sustentadora. Seu corpo é tão maravilhoso. Quando tiver praticado e estiver firme como a terra, você enfrentará sua dificuldade sem rodeios e ela começará a se dissipar.

A prática: respirando no presente

Por favor, passe um instante desfrutando a simples prática da respiração consciente: *"Inspiro consciente de estar inspirando; expiro consciente de estar expirando"*. Se fizer isto com um pouco de concentração, você será capaz de realmente ficar presente. No momento em que começa a praticar respirando conscientemente, seu corpo e mente começam a se unir novamente. Leva de dez a vinte segundos apenas para que este milagre seja alcançado: a unidade corpo-mente no momento presente. E cada um de nós pode fazer isto, até mesmo uma criança.

Como Buda disse: "O passado não mais existe, o futuro ainda não está aqui; só existe um único momento em que a vida está disponível, e este é o momento presente". Meditar respirando conscientemente significa trazer de volta ao momento presente o corpo e a mente, para que você não perca o seu encontro marcado com a vida.

6
A dádiva do destemor

Se alguém que você ama estiver diante da morte, pode ser que esta pessoa esteja com muito medo. Se quiser ser capaz de ajudar seu amigo, você tem que aprender a cultivar o seu próprio destemor. O destemor é a base da verdadeira felicidade, e se você conseguir oferecer coragem a alguém, estará ofertando àquela pessoa o melhor tipo de presente. Se conseguir sentar-se com solidez junto ao seu amigo durante os momentos difíceis, você poderá ajudá-lo a morrer em paz, sem medo. O destemor é a nata dos ensinamentos de Buda.

Praticando meditação podemos gerar as energias de consciência plena e concentração. Estas energias nos guiarão de volta ao *insight* de que nada realmente nasce ou morre. Nós podemos verdadeiramente superar o nosso medo da morte. Quando compreendemos que não podemos ser aniquilados, libertamo-nos do medo. É um grande alívio. O destemor é a alegria suprema.

Se estivermos com medo, não podemos estar totalmente felizes. Se ainda estivermos correndo atrás do objeto do nosso desejo, então ainda temos medo. O medo e o anseio andam juntos. Queremos estar seguros e felizes, por isso começamos a ansiar por uma pessoa ou um objeto em particular, ou uma ideia (como riqueza ou fama) que pensamos irão garantir o nosso bem-estar. Não podemos nunca satisfazer inteiramente nosso desejo ardente, por isso continuamos correndo e ficamos com medo. Se você para de correr atrás do objeto do seu anseio – seja uma pessoa, uma coisa ou uma ideia – o seu medo se dissipará. Sem medo, você pode estar tranquilo. Com o corpo e a mente em paz, você não está atormentado por preocupações, e, de fato, tem menos acidentes. Você está livre.

Se conseguirmos moldar nossa habilidade de encarnar o destemor e o desapego, isto é mais precioso do que qualquer dinheiro ou riqueza material. O medo arruína nossas vidas e nos deixa infelizes. Agarramo-nos aos objetos e pessoas, como alguém que está se afogando se agarra a qualquer objeto que passa flutuando. Praticando o desapego e partilhando esta sabedoria com os outros, nós ofertamos a dádiva do destemor. Tudo é impermanente. Este momento passa. O objeto do nosso anseio vai embora, mas podemos saber que a felicidade é sempre possível.

Intoxicantes

Nós não queremos o nosso medo, nossa raiva, nossa dor; por isso os reprimimos enchendo nossas vidas com objetos fornecidos pela civilização moderna: websites, jogos, filmes, música. Todos estes itens podem conter muitas toxinas que só servem para aumentar nossa doença e medo.

Suponha que você assistiu uma hora de televisão. Isso parece ser muito pouco, mas você sabe que pode conter muita violência, muito medo e muitos venenos naquele programa de uma hora. E você pratica intoxicando-se diariamente. Você pensa que está conseguindo algum alívio, mas enquanto se diverte continua levando para as profundezas da sua consciência ainda mais elementos de dor e sofrimento. Portanto, os blocos de dor nas profundezas do seu ser vão ficando cada vez maiores. Nós nos intoxicamos com aquilo que consumimos diariamente. Deixamos que o televisor seja a babá dos nossos filhos, e nossos filhos se intoxicam todo dia com o que lá veem e ouvem. Buda denominou estas coisas de *venenos*. Já existem venenos dentro de nós, nas profundezas da nossa consciência, e, no entanto, abrimo-nos para receber ainda mais venenos e toxinas.

Nosso ambiente também está profundamente poluído por toxinas. Praticar meditação significa estar consciente de tudo o que está acontecendo, não somente em nosso corpo como também no resto do mundo. Estamos nos alimentando e alimentando os nossos filhos com venenos. É isto o que está acontecendo hoje em dia. Se perceber isto, você se acorda para o fato de que estamos nos intoxicando o dia inteiro. Temos que encontrar uma maneira de parar de consumir estes intoxicantes que alimentam o nosso medo.

A natureza do interser

Quando examinamos profundamente uma folha de papel nós vemos que ela está repleta de tudo o que existe no cosmos: a luz solar, as árvores, as nuvens, a terra, os minerais, tudo – exceto uma coisa. A folha de papel está vazia somente de uma coisa: um eu separado. A folha de papel não pode *existir* por si só. Ela tem que *inter-ser* com tudo mais existente no cosmos. Por isso a palavra *interser*[5] pode ser mais proveitosa do que a palavra *ser*. De fato, *ser* significa *interser*. A folha de papel não pode existir sem a luz do sol, não pode existir sem a floresta. A folha de papel tem que interexistir com a luz solar, interexistir com a floresta.

Se você fosse questionar como o mundo passou a existir, a ser, Buda diria em termos muito simples: "Isto existe porque aquilo existe. Isto inexiste porque aquilo inexiste". Porque a luz solar existe a folha de papel existe. Porque a árvore existe, a folha de papel existe. Você não consegue ser somente por si só. Você tem que interser com tudo o mais no cosmos. Esta é a natureza do interser. Eu penso que a palavra interser não está nos dicionários, mas acredito que logo mais estará, pois esta palavra nos ajuda a ver a real natureza das coisas, a natureza do interser.

Se estiver preso à ideia de um eu separado, você tem um medo enorme. Mas se examinar profunda-

---

5. Considerando que o verbo "*to be*" pode ser traduzido em português como "ser" ou "existir"; estaremos utilizando *interser* ou *interexistir* como traduções para o verbo "*interbe*", criado pelo autor, mas que ainda não consta em dicionários da língua inglesa [N.T.].

mente e for capaz de ver "você" em toda a parte, você perde esse medo.

Enquanto monge, todo dia, eu pratico examinando profundamente. Eu não dou palestras simplesmente. Posso me ver em meus alunos. Eu me vejo em meus ancestrais. Vejo, neste momento, minha continuação por toda parte. Todo dia eu me esforço para transmitir aos meus alunos o melhor daquilo que recebi dos meus professores e da minha prática.

Eu não acredito que um dia deixarei de existir. Eu disse aos meus amigos que o século XXI é um morro, um lindo morro que vamos subir juntos enquanto sanga; eu estarei com minha sanga durante todo o percurso. Para mim, isto não é um problema, pois vejo cada um em mim, e eu em cada um. Esta é a prática de examinar profundamente, a prática da concentração na vacuidade, a prática do interser.

A estória de Anathapindika

Anathapindika, que viveu há 2.600 anos, foi um dos primeiros seguidores de Buda. Anathapindika era um homem de negócios muito generoso que usava tempo e energia ajudando as pessoas destituídas da cidade dele. Ele doou grande parte da sua riqueza aos pobres, no entanto ele não ficou menos rico. Ele recebeu muita felicidade. Ele tinha muitos amigos nos seus círculos de negócios, e era amado por todos eles.

Anathapindika tinha muito prazer em servir Buda. Ele usou sua riqueza para comprar um parque florestado e construir um centro de prática chamado Jeta Grove, onde Buda e seus monges podiam praticar. Jeta Grove se tornou um famoso centro de prática, e as pessoas iam lá ouvir as palestras que Buda proferia toda semana.

Um dia Buda soube que seu querido discípulo Anathapindika estava muito doente. Ele foi visitá-lo e urgiu Anathapindika para que praticasse respirando conscientemente enquanto estivesse acamado. Depois Buda pediu a Shariputra, um amigo íntimo de Anathapindika, que cuidasse de Anathapindika enquanto ele estivesse doente.

Shariputra e seu irmão monástico mais jovem, Ananda, foram visitar Anathapindika. Quando eles chegaram, Anathapindika estava tão fraco que não conseguia sentar-se ereto na cama para cumprimentá-los. Shariputra disse: "Não, meu amigo, não tente. Apenas deite tranquilamente. Nós vamos trazer algumas cadeiras para ficar perto de você sentados juntos".

A primeira pergunta que Shariputra fez foi: "Querido amigo Anathapindika, como você se sente? A dor no seu corpo está piorando ou começou a diminuir?" Anathapindika disse: "Não, amigos, a dor em mim não está diminuindo. Ela tem piorado o tempo todo".

Quando Shariputra ouviu aquilo, decidiu oferecer a Anathapindika alguns exercícios de meditação guiada. Como era um dos mais inteligentes discípulos de Buda, Shariputra sabia muito bem que, ajudando Anathapindika a focar a mente em Buda, a quem ele amava servir, traria muito prazer para Anathapindika. Shariputra queria aguar as sementes de felicidade dentro de Anathapindika, e ele sabia que, conversando sobre todas as coisas que fizeram Anathapindika sentir-se feliz na vida, aguaria estas sementes benéficas nele e diminuiriam a dor dele naquele momento crítico.

Shariputra convidou Anathapindika a inspirar e expirar conscientemente e a focar sua atenção nas suas mais felizes recordações: seu trabalho para os pobres, seus inúmeros atos de generosidade, o amor e a compaixão que ele compartilhou com sua família e seus colegas e alunos de Buda.

Em apenas cinco ou seis minutos, a dor que Anathapindika estava sentindo pelo corpo todo diminuiu, enquanto suas sementes de alegria eram regadas, e ele sorriu. Regar sementes de felicidade é uma prática muito importante para os que estão doentes ou morrendo. Todos nós temos sementes de felicidade em nós, e nestes momentos difíceis, quando estamos doentes ou morrendo, deve haver um amigo sentado conosco nos ajudando a tocar estas sementes. Caso contrário, as sementes do medo, remorso ou desespero podem brotar facilmente e se transformar em grandes formações mentais que nos dominam.

Quando Anathapindika foi capaz de sorrir, Shariputra viu que a meditação tinha sido bem-sucedida. Shariputra convidou Anathapindika a continuar a meditação guiada: "Querido amigo Anathapindika, agora é hora de praticar a meditação sobre os seis sentidos. Inspire, expire e pratique comigo":

> Estes olhos não são eu. Não estou aprisionado nestes olhos.
>
> Este corpo não sou eu. Não estou aprisionado neste corpo.
>
> Eu sou vida sem limites.
>
> A decadência deste corpo não significa o meu fim.
>
> Não estou limitado a este corpo.

Quando alguém está prestes a morrer, pode ficar muito aprisionado à ideia de que ele é este corpo. Ele fica aprisionado na noção de que a desintegração do seu corpo é sua própria desintegração. Estamos todos muito temerosos de nos transformar em nada. Mas a desintegração do corpo não consegue afetar a verdadeira natureza da pessoa prestes a morrer. Por isso é muito importante que nós sejamos capazes de examinar profundamente para ver as formas pelas quais não somos apenas nossos corpos. Cada um de nós é vida sem limites.

> Este corpo não sou eu. Não estou aprisionado neste corpo. Sou vida sem limites.
>
> Estes olhos não são eu. Não estou aprisionado nestes olhos.
>
> Estes ouvidos não são eu. Não estou aprisionado nestes ouvidos.
>
> Esta língua não sou eu. Não estou aprisionado nesta língua.
>
> Este corpo não sou eu. Não estou aprisionado neste corpo.
>
> Esta mente não sou eu. Não estou aprisionado nesta mente.

Eles também levaram Anathapindika a meditar nos objetos dos seis sentidos. A pessoa agonizante pode estar apegada a formas, sons, corpo, mente e assim por diante, achando que estas coisas são o eu dela; e por estar os perdendo, ela pensa que está perdendo o seu eu. Estas meditações são muito confortantes para uma pessoa doente ou prestes a morrer.

> Essas coisas que vejo não são eu. Não estou aprisionado no que vejo.
> Estes sons não são eu. Não estou aprisionado nestes sons.
> Estes cheiros não são eu. Não estou aprisionado nestes cheiros.
> Estes sabores não são eu. Não estou aprisionado nestes sabores.
> Estes sentidos corporais não são eu. Não estou aprisionado nestes sentidos corporais.
> Estes pensamentos não são eu. Não estou aprisionado nestes pensamentos.

Anathapindika conhecia muito bem aqueles dois monges. Ambos eram discípulos queridos de Buda e estavam ali sentados para assisti-lo, por isso ele foi capaz de praticar a meditação facilmente, embora estivesse gravemente doente. Depois Shariputra o conduziu a meditar sobre o tempo.

> O passado não sou eu. Não estou limitado ao passado.
> O presente não sou eu. Não estou limitado ao presente.
> O futuro não sou eu. Não estou limitado ao futuro.

Finalmente eles chegaram a meditar sobre existir e inexistir, vir e ir. Estes são ensinamentos muito profundos. Shariputra disse: "Querido amigo Anathapindika, tudo o que existe surge devido a causas e condições. A real natureza de tudo o que existe não nasce e não morre, não vem e não vai.

"Quanto o corpo nasce, ele nasce. Ele não vem de algum lugar. Se as condições forem suficientes, o corpo se manifesta e você o percebe como existindo. Quando as condições deixam de ser suficientes, o corpo deixa de ser percebido por você, e você pode pensar nele como inexistindo. De fato, a natureza de tudo é sem nascimento e sem morte."

Anathapindika era um praticante muito competente. Quando ele praticou até este ponto, foi sensibilizado e imediatamente teve um *insight*. Ele foi capaz de tocar a dimensão que não nasce e não morre. Ele foi liberto da ideia de que ele era apenas o seu corpo. Ele largou as noções de nascimento e morte, as noções de existir e inexistir, e portanto foi capaz de receber e compreender a dádiva do destemor.

Tudo o que existe passa a existir devido a uma combinação de causas. Quando as causas e condições são suficientes, o corpo está presente. Quando as causas e condições são insuficientes, o corpo está ausente. O mesmo é verdadeiro com relação aos olhos, ouvidos, nariz, língua, mente; forma, som, olfato, paladar, tato, e assim por diante. Isso pode parecer abstrato, mas é possível para todos nós ter uma compreensão profunda disto. Você tem que conhecer a verdadeira natureza da morte para compreender a verdadeira natureza da vida. Se não compreender a morte, você não compreenderá a vida.

O ensinamento de Buda nos libera do sofrimento. A base do sofrimento é a ignorância da verdadeira natureza do eu e do mundo à nossa volta. Quando não compreende isso, você tem medo, e o seu medo lhe traz muito sofrimento. Portanto, a dádiva do destemor é o melhor tipo de presente que você pode oferecer a si mesmo e à outra pessoa.

Esta importante prática, a prática do destemor, envolve a contemplação profunda que remedia o medo profundo sempre presente. Se você for destemido, sua vida será mais feliz e mais bela, e você será capaz de ajudar muitas outras pessoas, tal como Shariputra ajudou Anathapindika. A energia do destemor é a chave e o melhor fundamento para uma ação social, para ações compassivas que protegem pessoas, protegem a terra e satisfazem suas necessidades de amar e servir.

É totalmente possível viver alegremente e morrer em paz. Realizamos isso vendo que nossa manifestação continua de outras formas. Também é possível ajudar os outros a morrerem em paz se possuirmos dentro de nós os elementos da solidez e destemor. Muitos de nós têm medo da inexistência, e por causa deste medo sofremos muito. Por isso, o fato de sermos uma manifestação e uma continuação de muitas manifestações deve ser revelado à pessoa que está morrendo. Assim deixamos de ser afetados pelo medo do nascimento e morte, pois compreendemos que nascimento e morte são apenas noções. Este *insight* pode nos libertar do medo.

Se soubermos praticar e penetrar a realidade que não nasce e não morre, se compreendermos que chegar e partir são apenas ideias, e se nossa presença for calma e sólida, nós ajudamos a pessoa em seu leito de morte a não temer e a não sofrer tanto. Podemos ajudar a pessoa a morrer tranquilamente. Podemos nos ajudar a viver sem medo e morrer em paz quando compreendemos que não existe morte, apenas continuação. Lá, nos últimos momentos de sua vida, Anathapindika recebeu o maior de todos os presentes: o destemor – e morreu lindamente, em paz, sem dor ou medo.

7
O poder da consciência plena

Cada um de nós tem a capacidade de ser plenamente consciente, focado, compreensivo e compassivo. Estas qualidades são inerentes a todo e qualquer indivíduo. Você pode chamá-la de *natureza búdica*. Então, quando você diz: "Tomo refúgio em Buda", você não quer dizer que toma refúgio numa espécie de deus que existe fora de você. Significa que você tem confiança em sua capacidade de compreender e amar.

Quando Buda estava bem idoso, pouco antes de morrer, ele disse: "Meus queridos amigos, meus queridos discípulos, não tomem refúgio em coisa alguma externa a vocês. Em cada um de nós existe uma ilha muito segura que podemos ir. Toda vez que for pra casa naquela ilha respirando conscientemente, você criará um espaço de relaxamento, concentração e *insight*. Se permanecer nesta ilha dentro de si, respirando conscientemente, você estará fora de perigo. Este é um lugar onde você pode tomar refúgio toda vez que se sentir amedrontado, indeciso ou confuso"[6].

Em Plum Village nós temos um pequeno poema musicado. Esta estrofe pode ser usada para a prática de tomar refúgio.

> Inspirando,
> Expirando,
> Buda é minha consciência plena
> Brilhando perto e brilhando longe.

Quando pratica respirando conscientemente, você gera a energia da consciência plena. Isto é chamado de *consciência plena da respiração*. Esta energia de consciência plena é Buda, pois um buda é feito de consciência plena. E cada um de nós é capaz de gerar a energia de um buda. Se você vem de uma experiência cristã, pode compará-la ao Espírito Santo. O Espírito Santo pode ser descrito como a energia de Deus. Com a prática de andar conscientemente e respirar conscientemente você gera esta poderosa energia. Você toma refúgio naquela energia de consciência plena. É um tipo de luz que brilha adiante, e lhe mostra claramente onde você está e qual é o próximo passo que você quer dar.

Quando você pratica respirando conscientemente, a energia gerada lhe ajuda a reduzir a tensão no seu

---

6. O Discurso de Buda "Refugiando-se em si mesmo" [Samyuka Agama 639, Taisho Revised Tripitaka 99] inspirou a canção "Uma ilha dentro de mim", gravada no CD *Ameixas de Plum Village grown in Brazil*, juntamente com outras 14 canções do repertório de Plum Village. O CD está disponível no site da Livraria Cultura [N.T.].

corpo e sentimentos. Pode ser que haja tensão no seu corpo e pode haver fortes emoções dentro de você, como medo e desespero. A energia da consciência plena está abraçando, acalmando e soltando a tensão e sofrimento. Esta energia lhe acalma e alivia o seu medo.

Tomar refúgio na ilha do *self* não significa que você se retira do mundo. Significa que você retorna a si mesmo e se torna mais seguro. É possível caminhar na cidade e continuar habitando a ilha dentro de si. Sua resposta ao que estiver acontecendo a sua volta será bem diferente se você estiver seguro e não assombrado.

Pode ser que haja tensão no seu corpo. Pode ser que haja fortes emoções. Quando você pratica respirando conscientemente, a energia da consciência plena lhe ajuda a soltar a tensão do seu corpo e sentimentos, e a reduzir o sofrimento. Depois de um ou dois minutos desta prática concreta de tomar refúgio na ilha segura dentro de si mesmo, você se sente calmo – você deixa de se sentir preso na armadilha do medo ou desespero, e aqueles sentimentos são transformados. Eu pratico este poema frequentemente. Eu já o venho usando por quase trinta anos, e continuo a usá-lo.

Buda deu o ensinamento sobre a ilha do *self* quando estava prestes a morrer. Buda sabia que muitos dos seus discípulos se sentiriam perdidos após sua morte, então ele estava tentando dizer aos seus discípulos que eles deveriam buscar o professor interno ao invés de confiarem no professor externo – que o corpo do professor pode se desintegrar, mas o ensinamento já entrou no aluno. Se retornar à ilha dentro de si, você verá o professor dentro de você.

Não existe uma diferença real entre o dentro e o fora. De fato, quando estamos dentro podemos estar mais em contato com o que está fora. Se não estiver presente internamente, se não for você mesmo, não há um contato real seu com o mundo exterior. A saída está dentro. Se você entra profundamente em contato com seu interior, você entra em contato também com o exterior; e se for capaz de entrar profundamente em contato com o exterior, você entra em contato com o interior ao mesmo tempo.

Voltar à sua ilha interior gera consciência plena e concentração. Toda vez que for aprisionado por uma emoção, como medo, raiva ou desespero, retorne à ilha dentro de si e pratique tomando refúgio com aquele *gatha*. Tenho certeza que você se sentirá muito melhor depois de alguns minutos de prática. Quando se encontrar numa situação assustadora ou perigosa, quando estiver muito doente, toda vez que não souber exatamente o que fazer, é isto que você deve praticar. Se todos praticassem isto, haveria calma, paz e clareza suficientes para sairmos de toda situação difícil. A prática de tomar refúgio pode nos trazer alegria e paz em nossas vidas diárias.

Cultivando a energia da consciência plena

A consciência plena é um tipo de energia que pode nos ajudar a trazer nossa mente de volta ao nosso corpo, para que assim possamos estar bem-estabelecidos no aqui e agora e entrar profundamente em contato com a vida e suas muitas maravilhas, e viver a vida verdadeiramente. A consciência plena nos permite estar cônscios do que está acontecendo – em nossos corpos, sentimentos, percepções e no mundo – no momento presente.

Sabemos que a manhã é bela – os morros, a neblina, o sol nascendo. Queremos estar em contato com aquela beleza e deixá-la entrar em nossos corações. Sabemos que isto é muito nutridor. Mas às vezes uma emoção ou sentimento surge nos impedindo de desfrutar o que está acontecendo no aqui e agora. Enquanto outra pessoa é capaz de deixar as montanhas, o glorioso nascer do sol, a beleza da natureza penetrarem totalmente em seu corpo e mente, nós estamos bloqueados por nossas preocupações, nossos medos e nossa raiva, e a beleza do nascer do sol realmente não consegue entrar em nós. Nossas emoções nos impedem de entrar em contato com as maravilhas da vida, o Reino de Deus, a Terra Pura de Buda.

O que devemos fazer nestas circunstâncias? Achamos que temos que remover aquele sentimento ou emoção para ser livre novamente, para que o belo nascer do sol possa penetrar em nós. Consideramos nosso medo, raiva e preocupações como inimigos. Pensamos que sem eles seríamos livres, e que estes sentimentos atrapalham de forma que não podemos receber o nutrimento que precisamos.

É em momentos como estes que nos agarramos à nossa respiração consciente e gentilmente reconhecemos nossas aflições, seja raiva, frustração ou medo. Suponha que estamos nos sentindo preocupados ou ansiosos. Nós praticamos: *"Inspirando, eu sei que a ansiedade está em mim. Expirando, eu sorrio para minha ansiedade"*. Talvez você tenha o hábito de se preocupar. Mesmo sabendo que ele nem é necessário nem útil, mesmo assim você se preocupa. Você gostaria de banir a preocupação e livrar-se dela, porque sabe que, quando se preocupa, não consegue estar em contato com as maravilhas da vida nem consegue ser feliz. Por isso você fica com raiva da sua preocupação; você não a quer. Mas preocupação é uma parte sua; por isso, quando a preocupação surgir, você tem que saber como administrá-la com ternura e tranquilidade. Você consegue fazer isto se tiver energia de consciência plena. Você cultiva a energia de consciência plena respirando conscientemente, e andando conscientemente, e com esta energia você pode reconhecer e abraçar ternamente sua preocupação, medo e raiva.

Quando seu bebê sofre e chora, você não quer puni-lo, porque seu bebê é você. Seu medo e raiva são como bebês seus. Não imagine que você pode simplesmente jogá-los fora pela janela. Não seja violento com sua raiva, seu medo e suas preocupações. A prática é simplesmente reconhecê-los. Continue a praticar respirando conscientemente e andando conscientemente; assim, com a energia gerada através da sua prática você pode reconhecer sentimentos intensos, sorrir para eles e abraçá-los com ternura. Esta é a prática da não violência com suas preocupações, medo e raiva. Se você ficar com raiva da sua raiva, ela se multiplica dez vezes. Isto não é sensato. Você já está sofrendo muito, e, se ficar com raiva da sua raiva, sofrerá ainda mais. Um bebê pode ser desagradável quando chora e esperneia, a mãe dele pega o bebê com ternura e o segura nos braços, e a ternura da mãe penetra o bebê. Depois de alguns minutos o bebê se sente melhor e pode parar de chorar.

É a energia da consciência plena que lhe habilita a reconhecer sua dor e aflição e a abraçá-las com ternura. Você se sente um pouco aliviado e seu bebê se acalma. Agora você pode desfrutar o belo nascer do sol e se permitir ser nutrido pelas maravilhas da vida à sua volta e também dentro de si.

Levando a consciência plena junto conosco

Como muitos de nós, você pode estar habituado a carregar o seu telefone celular para onde quer que vá. Você pensa que não pode viver sem o seu celular. Você fica apreensivo quando se esquece e deixa seu celular em casa. Você se preocupa quando a bateria está prestes a descarregar totalmente.

Quando praticamos a consciência plena, podemos levar nossa prática conosco onde quer que formos, tal como você leva o seu celular consigo; mas a consciência plena não toma espaço nem deixa sua bolsa mais pesada, e suas baterias nunca descarregam. Todas as vezes que for a algum lugar, sua prática vai junto com você.

Nossas vidas diárias precisam ter uma dimensão espiritual que nos ajude a desenvolver nossa capacidade de cuidar bem da nossa dor e medo e também da nossa felicidade. Se praticarmos a consciência plena sempre teremos um lugar para estar quando estivermos com medo. Se nutrirmos e cultivarmos a nossa prática da consciência plena, ela se tornará vigorosa e robusta. Onde quer que formos, teremos nossa prática, então estaremos confiantes – com mais confiança do que nossos celulares poderiam nos proporcionar. Poderemos permanecer firmes atravessando qualquer dificuldade.

Todo mundo tem a semente da consciência plena dentro de si. Todo mundo é capaz de respirar conscientemente, mesmo as pessoas muito jovens. Todo mundo pode beber o seu chá conscientemente; todo mundo pode dar um passo conscientemente. Quando está habitado pela energia da consciência plena, você fala, come e anda conscientemente. A energia de consciência plena está viva em você.

A consciência plena carrega dentro dela a energia da concentração, então a semente da concentração também está em você. Existem práticas de concentração que podem nos libertar do medo, da raiva e desespero. Gerando energias de consciência plena e concentração em sua vida cotidiana, você aprende a transformar o seu medo e raiva e a libertar-se do sofrimento. E depois, junto com a consciência plena e concentração, surge o *insight*. *Insight* é sabedoria, compreensão. A semente de sabedoria e compreensão perfeita está dentro de cada um de nós. Consciência plena envolve a atenção, concentração e *insight*.

Quando vejo você andando em estado de consciência plena, com solidez e felicidade, eu vejo sua santidade. Nós poderíamos até mesmo chamá-lo de "Sua Santidade". É verdade. Cada um de nós tem nossa santidade, porque temos um buda dentro de nós. Quando Buda está vivo dentro de nós, não sofremos e a felicidade é possível.

8
Aprendendo a parar

A prática de meditação oferecida por Buda tem duas partes: parar e olhar profundamente. A primeira parte da meditação é parar. Se você for como a maioria de nós, você esteve correndo desde que nasceu. Agora isto virou um hábito arraigado, que muitas gerações de ancestrais seus também tiveram antes de você. Eles lhe transmitiram o hábito de correr, de viver tenso, e de ser arrastado por muitas coisas, de forma que sua mente não está total, profunda e tranquilamente no momento presente. Você se acostumou a olhar as coisas de uma maneira muito superficial e a ser arrastado por percepções equivocadas e emoções negativas que delas resultam. Isto leva a um comportamento equivocado, tornando a vida infeliz.

A prática é treinar-se para *parar* – parar de correr atrás de todas essas coisas. Mesmo que você não tenha irritação, raiva, medo ou desespero, você continua correndo com este ou aquele projeto, ou com esta ou aquela linha de pensamento, e você não está em paz. Então mesmo (ou especialmente) naqueles momentos em que você não tem problema algum, treine-se para estar presente, relaxado; treine-se para parar e voltar-se às maravilhas do momento presente.

Quando sua mente silencia, você vê as coisas profundamente. Se realmente praticar o parar, você não precisará praticar examinando profundamente, porque você já estará vendo as coisas em profundidade. Parar e olhar profundamente são unos; são dois aspectos da mesma realidade. Se estiver focado em algo importante, que force sua mente a ficar concentrada, e quando estiver concentrado você estará parando e olhando profundamente.

Então, ao parar e entrar em contato com o que é positivo, você se revigora, tem clareza e fica sorridente. Você se alimenta com os nutrimentos da prática e é capaz de nutrir outras pessoas com sua clareza mental, seu sorriso, sua alegria.

Mesmo em meio às maravilhas do momento presente, pode ser que você tenha várias dificuldades; mas se examinar profundamente você verá que ainda tem talvez 80% de coisas positivas para desfrutar e se relacionar. Então não corra. Retorne ao momento presente. Fazendo isto, você cultiva concentração e verá as coisas mais profunda e claramente. Este treinamento é muito simples, mas tão importante.

Fique por um tempo inspirando e expirando pacificamente no momento presente. Quando a emoção for demasiadamente forte e a respiração não for suficiente para fazer com que você pare e relaxe, saia para caminhar. A atenção em cada passo ajuda sua mente a parar. Não deixe sua mente lhe arrastar para longe com pensamentos, julgamentos, irritações, sentimentos arrebatadores ou projetos. Retorne ao momento presente, pare e relaxe. Pare e se liberte da sua agitação e tensão. Mesmo que não esteja experimentando fortes emoções, treine-se para quando você precisar pensar sobre algo, contemplar algo, examinar algo em profundidade, ser capaz de sentar-se calmamente e examinar profundamente e fazer o seu plano.

Com prática você consegue soltar a tensão e reduzir a dor do seu corpo, consegue reconhecer os sentimentos dolorosos dentro de si e sabe como abraçá-los, soltando a tensão dos sentimentos e trazendo alívio. Você consegue criar um sentimento de alegria e felicidade sempre que quiser.

Com uma boa prática você deixa de ter medo dos obstáculos e dificuldades. Você saberá lidar com as dificuldades que surgem. Com a prática verdadeira não há mais motivo para ficar amedrontado, porque você compreendeu o caminho. Quando você sabe administrar o seu corpo, seus sentimentos, suas percepções, não há mais necessidade de se preocupar.

Esteja em pé parado, andando ou sentado em meditação, você pode usar sua inspiração e expiração para lhe ajudar a parar. Você para totalmente no momento presente. E quando para, você é o mestre do seu corpo e da sua mente. Você não deixará a energia do hábito lhe arrastar pra longe com pensamentos compulsivos de algo relativo ao passado ou futuro, deste ou daquele projeto. Você se treina para parar, relaxar e viver em paz. Sentar em meditação não é uma luta. Você deixa tudo pra lá.

Quando um pensamento chega, você diz olá, e depois diz adeus imediatamente. Quando outros pensamentos chegarem, apenas diga olá e adeus novamente. Não lute. Não diga: "Eu sou tão ruim, eu penso em tantas coisas!" Você não precisa pensar desse jeito. Você apenas diz oi e tchau, relaxa e deixa pra lá. Você traz sua mente para o momento presente e repousa na consciência do seu corpo. É como ensopar o feijão na água. Você não precisa forçar a água a entrar no feijão. Você deixa o feijão *estar* na água, e lentamente, lentamente a água penetra nele. O mesmo se dá com você. Deixando pra lá, a tensão se desprenderá lentamente, lentamente, lentamente. E você se tornará mais relaxado e cheio de paz. O treino é simplesmente continuar trazendo sua mente de volta ao momento presente junto ao seu corpo.

Quando você anda, geralmente o seu corpo está aqui, mas sua mente está noutro lugar. Aqui novamente, o treinamento é voltar ao momento presente. O seu corpo e mente estão unidos. Isto é muito profundo. E você vê coisas de uma forma clara e mais tranquila. Se algum pensamento negativo surgir, diga apenas olá e esteja consciente daquele julgamento. Ele pode ter vindo do seu pai, da sua mãe ou de outra pessoa que lhe influenciou. Então deixe pra lá e sorria pra ele. Este é o seu corpo consciente – que quer dizer que o seu corpo abriga sua mente nele. Nós nos treinamos para sempre ter um corpo consciente, para quando sentar, saber que estamos sentando, e nossa mente está totalmente em nosso corpo sentado. Quando anda, sua mente está totalmente no seu corpo caminhante. Você sabe, toda vez, que está colocando o pé no chão, pacificamente, amorosamente e profundamente.

A meditação enquanto nutrimento

Meditar pode lhe trazer felicidade imediatamente. Você não mais permite que suas preocupações, suas ansiedades e seus projetos lhe arrebatem. Você retorna ao momento presente, toca o que ainda existe de positivo dentro de si e desfruta a alegria da meditação, a alegria da prática de acordo com o ensinamento de Buda. A alegria da meditação é como seu alimento, sua comida diária. Se não tiver este alimento diariamente, esta alegria, você fica como uma flor murcha. Quando volta a entrar em contato com a consciência de que existem muitas condições positivas ainda presentes, sua mente se torna muito alegre e você sorri para si mesmo; você tem uma aparência revigorada e cheia de vida. Portanto, não se prive deste alimento: a alegria da meditação.

Corpo e mente são um

Quando você deixa pra lá mentalmente, você relaxa fisicamente, porque o corpo e a mente são dois aspectos de uma realidade. Quando sua mente está excessivamente tensa, quando sua mente tem muitas dificuldades, ela afeta seu corpo dia após dia. É claro que o seu corpo também tem que ter algum movimento e circulação para que aquela tensão não se desenvolva.

Através da prática de parar, seja andando ou sentado em meditação, você tem controle da situação. Você é o soberano do seu corpo e da sua mente. Não permite que aquela agitação, medo ou ansiedade lhe arrastem pra longe. Quando é arrebatado pela ansiedade e medo, você é como uma rainha ou rei destronado. A prática aqui é recuperar sua soberania. Quando caminha conscientemente, quando se senta conscientemente, você recupera soberania sobre si mesmo.

Quando sua mente está no momento presente, você pode ver profundamente o que lhe traz sofrimento e o que lhe traz felicidade. Sua concentração e *insight* lhe permitirão pensar, agir e falar com mais clareza.

Nós sabemos que as outras pessoas são impermanentes, mas diariamente supomos que elas sejam permanentes. Com aquela compreensão podemos tratar os outros com mais amor e compreensão. Elas vão partir em breve. Com esta compreensão nós também podemos ter mais compreensão do nosso próprio papel no nosso sofrimento. Ao invés de acusar os outros, podemos olhar para o nosso próprio ser e trabalhar em qualquer inabilidade da nossa parte que poderia ter contribuído para nossa dificuldade com o outro.

9
Calmo em meio à tempestade

Toda vez que sentirmos uma forte onda de medo, raiva ou ciúme, podemos fazer alguma coisa para cuidar desta energia negativa e impedir que ela nos destrua. Não precisa haver conflito entre um elemento e outro do nosso ser. Deve haver somente o empenho de cuidar e ser capaz de transformar. Nós precisamos ter uma atitude não violenta em relação ao nosso sofrimento, à nossa dor e ao nosso medo.

Quando temos uma forte emoção como o medo ou o desespero, ela pode ser devastadora. Mas com a prática sabemos que podemos aprender a abraçar o nosso medo, pois sabemos que em cada um de nós existe a semente da consciência plena. Se praticarmos diariamente tocando esta semente enquanto andamos, sentamos, respiramos, sorrimos e comemos, nós cultivaremos a energia da consciência plena. Então, quando precisarmos dela, nós simplesmente tocamos aquela semente e imediatamente a energia da consciência plena surgirá e poderemos usá-la para abraçar nossas emoções. Se tivermos sucesso uma vez sequer fazendo isso, vamos ter um pouco mais de paz e teremos menos medo daquela emoção arrebatadora da próxima vez que ela vier à tona.

Uma visita do medo

Suponha que você tem muita dor, aflição ou medo nas profundezas da sua consciência. Muitos de nós têm grandes blocos de dor e sofrimento nas profundezas da nossa consciência que não suportamos olhar. Nós temos que nos manter muito ocupados para ter certeza que estes convidados indesejados não venham nos visitar. Nós nos ocupamos com outros "convidados" – pegamos uma revista ou livro para ler, ligamos a televisão ou colocamos uma música pra tocar. Fazemos qualquer coisa e tudo o que pudermos para preencher nossa atenção com algo. Esta é a prática de reprimir.

A maioria de nós adota esta resposta do embargo. Não queremos abrir a porta para o nosso medo, aflição e depressão virem à tona, por isso nos envolvemos com todos os tipos de coisas que nos deixam ocupados. E sempre há tantas coisas disponíveis que nos ajudam a desviar a atenção daquilo que está acontecendo internamente. Existem várias maneiras de nos entreter – especialmente assistindo televisão. A televisão pode ser usada como um tipo de droga. Quando o nosso sofrimento é demasiadamente grande para suportarmos, nós às vezes ligamos o televisor para esquecer nossa dor. Ele enche nossa sala com imagens e sons. Mesmo que aquilo que estamos assistindo seja insatisfatório, geralmente não temos a coragem de desligar a televisão. Por quê? Porque, mesmo sendo desinteressante ou até mesmo perturbador, pensamos que é melhor do que voltar para casa dentro de nós e tocar a dor interior. Distrair-se é a conduta de muitos de nós. Alguns de nós escolhe viver numa área livre de televisão, semelhante aos espaços onde não se pode fumar nem ingerir bebidas alcoólicas. Mas há muita gente praticando assistir televisão ou jogar *videogames* para encobrir o desconforto interno.

Eu conheço uma família que assistia programas de TV toda noite. Um dia os membros desta família foram a um mercado de bugigangas e viram uma estátua de Buda. Eles compraram a estátua pra casa, mas como a casa deles era pequena, não tinha lugar para colocar a estátua. Então eles decidiram colocá-la no topo do televisor, por ser um lugar limpo e atraente. Aconteceu de eu ir visitá-los logo após eles terem colocado Buda ali. Eu lhes disse: "Queridos amigos, a estátua e o televisor são incompatíveis, pois estas duas coisas são polos opostos. Buda nos leva para casa dentro de nós, e a televisão nos ajuda a fugir de nós mesmos".

Respiração abdominal

Existem vários métodos simples de cuidarmos das nossas emoções arrebatadoras. Um é a "respiração abdominal", respirar a partir do abdômen. Quando formos aprisionados por emoções arrebatadoras, como medo e raiva, a nossa prática é trazer nossa atenção para o baixo-ventre. Permanecer no nível do intelecto não é seguro. Emoções arrebatadoras são como uma tempestade, e permanecer no meio de uma tempestade é muito perigoso. No entanto é isto que a maioria de nós faz quando fica triste: permanecemos lá fora na tempestade dos nossos sentimentos, e eles nos subjugam. Ao invés disso, nós precisamos nos ligar à terra, levando nossa atenção para baixo. Focamos em nosso abdômen e praticamos a respiração consciente, prestando atenção somente no subir e descer da nossa barriga.

Conseguindo atravessar a tempestade

Quando você olha para uma árvore numa tempestade, você vê que os galhos e folhas da árvore estão balançando violentamente pra lá e pra cá na ventania. Você tem a impressão de que a árvore não será capaz de resistir à tempestade. Você fica assim quando foi capturado por uma emoção arrebatadora. Como a árvore, você se sente vulnerável. Você pode se partir a qualquer momento. Mas se direcionar sua atenção para baixo, para o tronco da árvore, verá as coisas de forma diferente. Você vê que a árvore está firme e profundamente enraizada no solo. Se focar a atenção no tronco da árvore, você compreende que a árvore está firmemente enraizada no solo e, portanto, não pode ser arremessada para longe.

Cada um de nós, na postura sentada ou em pé parado, é como a árvore. Quando a tempestade das suas emoções está passando por perto, você não deve permanecer no foco da tempestade, no nível do cérebro ou do tórax. Quando estiver dominado por fortes emoções, não permaneça ali, é perigoso demais. Traga sua atenção para o nível abaixo do umbigo – este é o tronco, a sua parte mais firme – e pratique respirando conscientemente. Esteja consciente do abdômen subindo e descendo. Fazendo isto numa posição estável, como a postura sentada, você se sentirá bem melhor. Simplesmente respire. Não pense em coisa alguma. Respire do início ao fim do movimento de subir e descer do seu abdômen. Pratique assim por dez ou quinze minutos e a forte emoção vai passar completamente.

Emoções são apenas emoções

Meditar tem dois aspectos: parar e acalmar é o primeiro, e examinar profundamente para transformar é o segundo. Quando você tem energia de consciência plena suficiente, você pode examinar profundamente qualquer emoção e descobrir a verdadeira natureza daquela emoção. Se conseguir fazer isto, você será capaz de transformar a emoção.

É claro que as emoções têm raízes profundas dentro de nós. Elas são tão fortes, que achamos que não vamos sobreviver se as deixarmos ser. Nós as negamos e reprimimos até que finalmente elas explodem e ferem nós mesmos e os outros. Mas uma emoção é apenas uma emoção. Ela vem, fica algum tempo e depois vai embora. Por que deveríamos nos magoar e magoar os outros só por causa de uma emoção? Nós somos muito mais do que nossas emoções.

Se soubermos praticar examinando profundamente, seremos capazes de identificar e erradicar as origens de nossas emoções dolorosas. Só a prática de abraçar as emoções já pode ajudar muito. Se durante os momentos críticos, quando a emoção estiver presente, nós soubermos como e onde tomar refúgio, se formos capazes de inspirar e expirar e focar a atenção no abdômen subindo e descendo por quinze ou vinte ou mesmo vinte e cinco minutos, então a tempestade vai passar e estaremos conscientes de que podemos sobreviver. Quando temos o êxito de sobreviver às fortes emoções, experimentamos uma paz mental mais estável. Uma vez que tenhamos a prática, deixamos de ter medo. Da próxima vez que uma forte emoção surgir, será mais fácil. Nós já sabemos que podemos sobrevivê-la.

Se conseguirmos relaxar quando nossas emoções arrebatadoras surgirem, não transmitiremos medo aos nossos filhos e futuras gerações. Se permanecermos com o nosso medo, reprimindo-o e depois deixando-o explodir, nós estamos compartilhando aquele medo com os jovens à nossa volta, e eles vão consumi-lo e passá-lo adiante. Mas se soubermos administrar o nosso próprio medo, estaremos mais capacitados para ajudar as pessoas que amamos e os jovens a administrarem os medos deles. Podemos chegar até eles e dizer: "Querido, inspire e expire comigo. Preste atenção ao subir e descer da sua barriga". Como eles viram você fazendo isto, eles estarão mais inclinados a lhe escutar. Porque você está presente, oferecendo sua energia de consciência plena e solidez, seu filho ou seu parceiro será capaz de cruzar as águas corredeiras da emoção. Ele saberá que, com sua amada ao lado dele, ele, assim como você, pode sobreviver à emoção arrebatadora. Modelando a calma diante do medo, e ensinando os jovens a atravessarem suas próprias tempestades, você estará ensinando uma habilidade muito valiosa que poderá até mesmo salvar a vida deles no futuro.

10
Transformando o medo à nossa volta

Muitos de nós passamos muito tempo atuando a partir do medo relativo ao passado ou presente, e, ao fazer isto, nós afetamos uns aos outros e à sociedade mais ampla. Nós criamos uma cultura do medo. Quando o medo surge e nós estamos tristes e preocupados, a primeira coisa que precisamos fazer é reconhecer aquele medo. Podemos reconhecê-lo e abraçá-lo ao invés de reagir a ele. Todas as pessoas à nossa volta estão com medo e atuando a partir do medo. Em meio a todo este medo, todos nós desejamos paz e segurança.

Às vezes é tentador ridicularizar o medo dos outros porque ele nos lembra o nosso próprio medo. Fomos ensinados a esconder nosso medo e não admiti-lo. Como podemos nos libertar do medo e abandonar a raiva e a violência que ele desperta em nós? Nós temos que ouvir profundamente e aprender a praticar da maneira como Buda praticou para libertar-se do seu próprio medo e violência. Praticar a consciência plena do medo e examinar profundamente sua origem provê a resposta.

O medo do terrorismo

Hoje em dia, quando viajamos de avião, todo mundo é suspeito. Tememos que alguém possa ser um terrorista. Qualquer pessoa poderia estar carregando um explosivo químico ou vestindo uma bomba. Todos nós temos que nos submeter a um escaneamento do corpo. Todos estão atemorizados com tudo e todos os demais. Mesmo que esteja vestindo indumentária de monge como estou, você tem que ser examinado ponto por ponto ou revistado, pois o medo está muito dominante. As pessoas que vieram antes de nós criaram este clima de medo, e o medo agora tem crescido cada vez mais. Não sabemos como administrar nosso sofrimento. Poucas pessoas sabem como se libertar do temor.

Desenvolvemos um desejo de vingança; queremos punir aqueles que nos fizeram sofrer, e pensamos que fazendo isto sofreremos menos. Nós queremos agir violentamente com eles, puni-los. Quando um terrorista solta um explosivo dentro de um ônibus ou avião, todos morrem. O desejo que o terrorista tem de punir nasce do sofrimento dele. Ele não sabe administrar o próprio sofrimento, e busca aliviá-lo punindo os outros.

Buda disse: "Eu olhei profundamente o estado mental das pessoas infelizes e vi escondido debaixo do sofrimento delas uma faca muito afiada. Como elas não veem aquela faca amolada em si mesmas, é difícil para elas lidarem com o sofrimento".

O seu medo está enterrado no fundo do seu coração, uma faca amolada coberta por muitas camadas. Aquela faca amolada é o que lhe faz agir de maneira tão indelicada. Você não enxerga a faca ou a flecha no seu coração, mas ela faz com que você cause sofrimento a outras pessoas. Você pode aprender a reconhecer aquela faca dentro de si. E, uma vez encontrada, você pode removê-la do seu próprio coração, e depois ajudar outra pessoa a encontrar e remover a faca do coração dela. A dor causada por esta faca amolada existe há muito tempo. Enquanto continuar a agarrar-se a ela, sua dor se ampliará e crescerá tanto que você vai querer punir aqueles que você acha que são a causa do seu sofrimento.

A revolução da compaixão

Todos nós temos o medo original em nós, mas não somos nós somente, enquanto indivíduos, que temos medo. Muitos países e regiões do mundo estão se queimando de medo, sofrimento e ódio. Para aliviar nosso próprio sofrimento temos que nos voltar para nós mesmos e buscar compreender por que estamos aprisionados em tanta violência e medo. O que será que vem causando tanto ódio aos terroristas que eles estão querendo sacrificar suas próprias vidas e criar tanto sofrimento para outras pessoas? Nós vemos o grande ódio deles, mas o que será que está conduzindo este ódio? A percepção de injustiça. É claro que temos que encontrar uma forma de parar a violência. Podemos até mesmo precisar manter as pessoas separadas enquanto elas ainda forem perigosas aos outros. Mas nós também precisamos nos questionar: "Que responsabilidade temos pela injustiça no mundo?"

Não gostamos de sentir medo. Geralmente, se nos agarrarmos ao nosso medo, ele se transformará em raiva. Estamos com raiva de estarmos com medo. Nós temos raiva de qualquer coisa ou pessoa que percebemos como causadores do nosso medo ou nos mantendo aterrorizados. Algumas pessoas passam a vida inteira somente tentando revidar qualquer coisa ou pessoa que elas acham que lhes causaram sofrimento. Este tipo de motivação só pode trazer sofrimento, não só para os outros como também para a pessoa que sente isso.

Ódio, raiva e medo são como labaredas de fogo que podem ser extintas pela compaixão. Mas onde encontramos compaixão? Ela não é vendida nos supermercados; se fosse, nós apenas precisaríamos trazê-la pra casa e poderíamos dissolver todo o ódio e violência no mundo muito facilmente. Mas compaixão só pode ser produzida em nossos corações através da nossa prática.

Às vezes alguém que amamos – nosso filho, nossa esposa ou nossos pais – diz ou faz algo cruel e nos sentimos magoados. Pensamos que é somente nós que sofremos. Mas a outra pessoa também está sofrendo. Se não estivesse sofrendo, aquela pessoa não teria falado ou agido de uma forma que nos magoa. A pessoa que amamos não viu uma maneira de transformar o sofrimento dela, por isso ela simplesmente extravasa todo o seu medo e raiva sobre nós. Nossa responsabilidade é produzir a energia da compaixão que primeiro acalma nosso próprio coração e depois nos permite ajudar a outra pessoa. Se punirmos a outra pessoa, ela só irá sofrer mais, e o ciclo continuará.

Responder a violência com violência só pode trazer mais violência, mais injustiça e mais sofrimento – não só para os que queremos punir como também para nós mesmos. Esta sabedoria está em cada um de nós. Quando respiramos profundamente, nós podemos tocar esta semente de sabedoria dentro de nós. Eu sei que se a energia de sabedoria e compaixão em todas as pessoas pudesse ser nutrida por pelo menos uma semana, o nível de medo, raiva e ódio no mundo seria reduzido. Eu urjo todos nós a praticarmos acalmando e concentrando nossas mentes, regando as sementes de sabedoria e compaixão que já existem dentro de nós e aprendermos a arte de consumir conscientemente. Se pudermos fazer isto, nós criaremos uma verdadeira revolução pacífica, o único tipo de revolução que pode nos ajudar a sair desta situação difícil.

As sementes do terrorismo

Os "terroristas" estão em toda a parte. Eles não são somente as pessoas que explodem ônibus e mercados. Quando estamos furiosos, quando nos comportamos de um modo muito raivoso e violento, nós não somos tão diferentes dos terroristas que demonizamos, porque temos aquela mesma faca de raiva em nossos corações. Quando não estamos conscientes das nossas palavras, dizemos coisas que podem ferir os outros e causar muita dor. Isto é um tipo de intimidação, um tipo de terrorismo. Muitas pessoas usam palavras ferinas contra as crianças. Aquela faca de dor pode retorcer no coração da criança todo dia, para o resto da vida dela. Em nossa família, em nossa sociedade, em nosso planeta, todo dia nós criamos mais pessoas com facas cravadas em seus corações. E por sustentarem facas em seus corações, o sofrimento e a ira delas dominam as suas famílias, sociedades e mundos.

A escuta compassiva

Muito sofrimento nosso vem de percepções equivocadas. Para remover aquela mágoa, temos que remover nossa percepção errônea. "Vejo ele ou ela fazendo isto ou aquilo. Mas talvez a realidade não seja exatamente daquela maneira. Existem muitos pontos obscuros que desconheço. Preciso ouvi-lo ou ouvi-la para compreender melhor." As pessoas que nós achamos que causaram nosso sofrimento, da mesma forma, têm percepções equivocadas sobre nós. Quando você se esforça para ouvir e escutar o outro lado da estória, sua compreensão aumenta e sua mágoa diminui.

A primeira coisa que podemos fazer nestas situações é reconhecer internamente que as imagens mentais que temos, o que pensamos que aconteceu, pode não ser acurado. Nossa prática é respirar e andar até que estejamos mais calmos e relaxados.

A segunda coisa que podemos fazer, quando estivermos prontos, é dizer às pessoas que pensamos terem nos magoado, que estamos sofrendo e sabemos que o nosso sofrimento pode ter vindo de nossa própria percepção equivocada. Ao invés de chegar até a outra pessoa ou pessoas com uma acusação, podemos ir até elas para pedir ajuda e explicações que nos ajudem a compreender por que elas disseram ou fizeram tais coisas.

Tem uma terceira coisa que precisamos fazer, se pudermos. A terceira coisa é muito difícil, talvez a mais difícil. Nós precisamos ouvir muito cuidadosamente a resposta da outra pessoa para verdadeiramente compreender e tentar corrigir nossa percepção. Com isto, podemos descobrir que estivemos sendo vítimas de nossas percepções errôneas. É bem provável que a outra pessoa também tenha sido vítima de percepções errôneas.

A escuta profunda e a fala amorosa são práticas muito poderosas. Com elas, nós podemos criar uma boa comunicação e descobrir o que está realmente acontecendo. Se quisermos realmente saber a verdade, e se soubermos usar a fala gentil e a escuta profunda, é muito mais provável que sejamos capazes de ouvir as verdadeiras percepções e sentimentos dos outros. Neste processo, podemos descobrir que eles também têm percepções erradas. Depois de tê-los ouvido totalmente, temos a oportunidade de ajudá-los a corrigir suas percepções errôneas. Se nos aproximarmos de nossas mágoas desta maneira, temos a chance de transformar o medo e raiva em oportunidades para relacionamentos mais profundos e honestos.

O coração é uma ponte

Quando você retira a faca de raiva e desconfiança que está fincada no seu coração, seu coração se torna uma ponte. Se conseguir dissolver o apego, o anseio e o medo, você começará a ver a outra margem, a margem da libertação. Temos que agir com bondade amorosa, porque quando o ódio e a raiva estão liderando desenfreadamente, não conseguimos resolver coisa alguma. Não conseguimos remover a violência com ódio e raiva. Só conseguimos remover a violência e o medo com compaixão e amor.

Primeiro você diz: "Querido amigo, eu tenho uma faca afiada dentro do meu coração. Eu quero retirá-la".

Se a outra pessoa levar em consideração sua proposta de ouvir e começar a compartilhar, esteja preparado para praticar a escuta profunda e compassiva. Escute com consciência plena e concentração. O seu único desejo é dar àquela pessoa a chance de falar à vontade. A escuta profunda e compassiva significa que a outra pessoa ou a outra nação tem a chance de dizer aquilo que nunca tiveram chance ou coragem de dizer, porque ninguém jamais tinha ouvido profundamente eles antes.

No início, a fala da pessoa pode estar cheia de condenação, amargor e acusação. Dê o melhor de si para continuar sentado ali calmamente e ouvindo. Ouvir desta forma significa dar a chance aos outros de curar seus próprios sofrimentos e interpretações erradas. Se interromper, negar ou corrigir o que eles estão dizendo, você obstruirá o processo de restabelecimento da comunicação e reconciliação. A escuta profunda deixa que a outra pessoa fale mesmo que o que ela esteja dizendo contenha percepções equivocadas e injustas. Quando estiver ouvindo profundamente alguém, você não só reconhece as percepções errôneas dela, como também compreende que você também tem percepções equivocadas sobre si mesmo e sobre o outro. Depois, quando vocês dois estiverem calmos e o outro sentir mais confiança e segurança em você, você poderá lenta e habilidosamente começar a corrigir as percepções errôneas dele. Falando amorosamente, você pode chamar a atenção para o modo como eles interpretaram mal você ou a situação. Usando palavras amáveis você pode também ajudar a outra pessoa a compreender suas dificuldades. Vocês podem ajudar um ao outro a se libertar destas percepções equivocadas, que são a causa de toda raiva, ódio e violência.

Restabelecer a comunicação

A intenção de escutar profundamente e falar amorosamente é para restabelecer a comunicação, porque, uma vez que a comunicação seja restaurada, tudo se tornará possível, inclusive a paz e a reconciliação. Eu tenho visto muitos casais que praticam com êxito a escuta profunda e a fala amorosa para curar relacionamentos difíceis e rompidos. Muitos pais e filhos, mães e filhas, e maridos e esposas trouxeram a paz e felicidade de volta às suas famílias através desta prática. Com a prática da escuta profunda e compassiva e da fala amorosa eles se reconciliaram. Líderes de países também podem se reconciliar usando a escuta compassiva e a fala amável.

Todos nós somos capazes de reconhecer que não somos os únicos a sofrer quando há uma situação difícil. A outra pessoa também sofre naquela situação, e nós somos responsáveis, em parte, pelo sofrimento dela. Quando compreendemos isto, podemos olhar a outra pessoa com olhos compassivos e deixar a compreensão florescer. Com a chegada da compreensão, a situação muda e a comunicação é possível.

Todo processo pacificador realista tem que começar dentro de nós mesmos, dentro de nosso próprio grupo e do nosso próprio povo. Não devemos continuar a culpar o outro lado por não praticar a paz. Temos que praticar a paz para ajudar o outro lado a fazer as pazes.

11
O céu azul além das nuvens

Em nossa sociedade existe tanto medo, sofrimento, violência, desespero e confusão. Mas, ao mesmo tempo, também existe o lindo céu azul. Às vezes o céu azul se revela inteiramente a nós. Às vezes se mostra só pela metade, às vezes espreitamos só um pouquinho de azul, às vezes nenhum mesmo. Tempestades, nuvens e névoas escondem o céu azul. O Reino do Céu pode se esconder detrás de uma nuvem de ignorância ou de uma tempestade de raiva, violência e medo. Mas se praticarmos a consciência plena é possível estarmos conscientes de que mesmo quando o tempo está muito nevoento, nublado, ou tempestuoso, o céu azul está sempre lá além das nuvens para nós. Esta lembrança nos impede de cair em desespero.

Enquanto pregava no Deserto da Judeia, João Batista urgiu as pessoas a se arrependerem porque "o Reino de Deus é alcançável". Eu entendo *arrepender-se* como *parar*. Ele queria que nós parássemos de nos engajar em atos de violência, avidez e ódio. Arrepender-se significa acordar e estar consciente de que nosso medo, raiva e avidez estão encobrindo o céu azul.

Arrepender-se significa recomeçar de uma nova maneira. Nós admitimos nossas transgressões, e nos banhamos nas águas límpidas do ensinamento espiritual para amar o nosso vizinho como nós mesmos. Comprometemo-nos a abrir mão do nosso ressentimento, ódio e orgulho. Nós recomeçamos com uma mente revigorada, um coração bem-disposto e determinado a fazer melhor. Depois de ter sido batizado por João, Jesus ensinou a mesma coisa. Este ensinamento combina perfeitamente com o ensinamento do budismo.

Se soubermos transformar nosso desespero, violência e medo, o imenso céu azul se revelará a nós e aos que estiverem à nossa volta. Tudo o que estamos procurando pode ser encontrado no momento presente, incluindo a Terra Pura, o Reino de Deus e nossa natureza búdica. É possível para nós entrarmos em contato com o Reino de Deus neste exato lugar, com nossos olhos, nossos pés, nossos braços e nossa mente. Quando você está concentrado, quando o seu corpo e mente se tornam um, você precisa somente dar um passo e estará no Reino do Céu. Quando você está plenamente consciente, quando você está livre, qualquer coisa que você toca, seja um folha de carvalho ou neve, está no reino do céu. Tudo o que você ouve, o som dos pássaros ou o assobio do vento, pertence ao Reino do Céu.

A condição básica para entrarmos em contato com o Reino de Deus é estarmos libertos do medo, desespero, raiva e avidez. Práticas de consciência plena nos permitem reconhecer a presença da nuvem, da névoa, e das tempestades. Mas elas também nos ajudam a reconhecer o céu azul por detrás de tudo isso. Nós temos inteligência, coragem e estabilidade suficientes para ajudar o céu azul a se revelar de novo.

As pessoas me perguntam: "O que posso fazer para ajudar o Reino do Céu a se revelar?" Esta é uma pergunta muito prática. É o mesmo que perguntar: "O que posso fazer para reduzir a violência e o medo que estão oprimindo minha comunidade e sociedade?" Este é um questionamento que muitos de nós temos feito.

Quando dá um passo com estabilidade, solidez e liberdade, você ajuda a limpar o céu do desespero. Quando centenas de pessoas andam juntas conscientemente, produzindo a energia da solidez, estabilidade, liberdade e alegria, estão ajudando nossa sociedade. Quando sabemos olhar parar outra pessoa com olhos compassivos, quando sabemos sorrir pra ela com o espírito compreensivo, estamos ajudando o Reino do Céu a se revelar. Quando inspiramos e expiramos conscientemente, ajudamos a Terra Pura a se revelar. Em nossas vidas diárias, em cada momento singular, nós podemos fazer alguma coisa para ajudar o Reino de Deus a se revelar. Não se permita ser oprimido pelo desespero. Você pode fazer bom uso de cada minuto e cada hora do seu cotidiano.

Quando agimos como uma comunidade de praticantes, inspirada pela energia da consciência plena e compaixão, nós somos poderosos. Quando fazemos parte de uma comunidade espiritual, temos muita alegria e podemos resistir melhor à tentação de ser dominado pelo desespero. O desespero é uma grande tentação em nosso século. Sozinhos, nós ficamos vulneráveis e amedrontados. Se tentarmos chegar ao oceano como uma única gota d'água nós evaporaremos antes de chegar lá. Mas se formos como um rio, se caminharmos como uma comunidade, temos certeza que chegaremos ao oceano. Caminhando juntos com uma comunidade, que nos apoia e sempre nos lembra do céu azul, jamais perderemos nossa fé, e nosso medo se dissolverá. Sejamos nós líderes políticos ou comerciantes, assistentes sociais, professores ou pais, todos nós podemos usar um lembrete de que o céu azul ainda está lá conosco. Todos nós precisamos de uma comunidade, uma sanga, que nos impeça de afundar no pântano do desespero.

A comunidade é o nosso corpo

A formação de comunidades é a atividade mais importante do nosso século. Enquanto indivíduos, nós estivemos sofrendo tremendamente. Devido a predominância do individualismo, as famílias estão se separando e a sociedade se tornou profundamente dividida. Para que o século XXI seja uma época de espiritualidade, o espírito de união deve nos guiar. Devemos aprender a fazer coisas juntos, partilhar nossas ideias e aspirações profundas em nossos corações. Temos que aprender a ver a sanga, nossa comunidade de apoio espiritual, como sendo nosso corpo. Nós precisamos um do outro para praticar solidez, liberdade e compaixão para que possamos lembrar um ao outro que sempre há esperança.

Quando temos uma comunidade de prática da consciência plena podemos sentar juntos em meditação, e isto é muito poderoso. Na vida, as pessoas produzem alimentos, objetos e tecnologia, entre muitas outras coisas. Numa sanga, nós também produzimos coisas. Nós produzimos a poderosa energia da paz, a poderosa energia da consciência plena. As pessoas podem ir ao supermercado comprar comida ou lâmpadas. Mas, para produzir a energia da consciência plena, nós precisamos estar com nossa comunidade, nossa sanga, e produzir esta energia sentando, caminhando e vivendo em paz e alegria.

Isto requer prática e treino. Eu lhe convido a pensar profundamente sobre a prática da consciência plena como uma forma maravilhosa de prover alimento espiritual para si mesmo e sua comunidade. Você pode nutrir o mundo com esta energia. Quando você vê que esta prática provê nutrimento para o mundo, você se sentirá muito alegre, porque você está conectado com toda a vida de uma forma real, e você está servindo a vida.

A comunicação nos mantém a salvos

Se quisermos segurança temos que construí-la. Com o que construímos segurança? Fortalezas, bombas ou aviões não vão levar nosso medo embora; de fato, é mais provável que essas coisas o ampliem. Os Estados Unidos da América tem um exército muito poderoso e as armas mais avançadas do mundo, porém o povo americano não se sente seguro, mas sim muito amedrontado e vulnerável. Então deve haver alguma outra coisa – uma forma genuína de tomar refúgio – para que possamos nos sentir realmente a salvos. Temos que aprender a estabelecer segurança com nossa inspiração e expiração. Temos que aprender a edificar segurança com nossos passos, com nossa forma de agir e reagir, com nossas palavras e nossos esforços para estabelecer comunicação.

Você não pode se sentir seguro se não estiver se comunicando bem com as pessoas com quem você convive ou vê regularmente. Você não pode se sentir seguro quando as pessoas a sua volta não lhe olham com cordialidade e compaixão. Da forma como você fala, senta e anda, você pode demonstrar a outra pessoa que ela está a salvo na sua presença, porque você está se aproximando dela em paz. Desse modo, você gera confiança. Sua paz e compaixão ajuda a outra pessoa a se sentir segura. Isso permite com que ela se relacione com você com compaixão e compreensão, e você também se sentirá mais seguro. Segurança não é uma questão individual. Ajudar a outra pessoa a se sentir segura é a melhor garantia para sua segurança.

O seu país não se sentirá seguro se vocês não fizerem algo para ajudar os outros países a se sentirem seguros com relação a vocês. Se os Estados Unidos quer ter segurança, têm que cuidar da segurança das outras nações também. Se a Grã-Bretanha quer ter segurança, tem que pensar na segurança de outros grupos de pessoas. Qualquer um de nós poderíamos ser vítimas da violência e terrorismo. Nenhum país está imune. Está tão claro que a polícia, as Forças Armadas, e mesmo a potência de fogo pesado não podem nos garantir segurança real. Talvez a primeira coisa que temos que fazer é dizer: "Querido amigo, estou consciente que você quer viver em segurança. Eu também quero viver em segurança, então por que não trabalhamos juntos?" Isto é uma coisa muito simples a ser feita, no entanto nós não fazemos.

Comunicação é a prática. Nós vivemos num tempo onde existem tantos meios de comunicação sofisticados: e-mails, celulares, torpedos, Twitter, Facebook; no entanto, é tão difícil para os indivíduos, grupos e nações se comunicarem uns com os outros. Parece que não conseguimos usar nossas palavras para falar, então, ao invés disso, acabamos usando bombas. Quando chegamos ao ponto onde não conseguimos nos comunicar através de palavras e temos que usar armas, nós sucumbimos ao desespero.

Temos que aprender a nos comunicar. Se conseguirmos mostrar a um grupo com o qual estamos em conflito que ele não tem nada a temer, podemos começar a confiar um no outro. Nos países asiáticos, as pessoas geralmente se cumprimentam curvando-se com as palmas junto ao peito, formando um botão de lótus. No Ocidente, quando as pessoas se encontram, elas apertam as mãos. Eu soube que esta tradição vem do tempo medieval, quando as pessoas tinham medo umas das outras. Toda vez que elas se encontravam, queriam mostrar que não estavam carregando armas.

Agora nós temos que fazer a mesma coisa. Através de nossas ações podemos dizer: "Querido amigo, eu não tenho armas. Vê? Toque você mesmo. Eu não causo danos". Este tipo de prática pode estabelecer confiança. Com confiança e comunicação o diálogo se torna possível.

Desde que a chamada guerra ao terror começou, nós gastamos bilhões de dólares, mas só criamos mais violência, ódio e medo. Não tivemos êxito na erradicação do medo, ódio e ressentimento, seja em suas expressões externas, como o terrorismo, ou, mais importante, nas mentes das pessoas. É hora de contemplar e encontrar uma forma melhor de trazer paz para nós mesmos e para o mundo. Somente com a prática da escuta profunda e comunicação amável podemos ajudar a remover percepções errôneas que formam o alicerce do medo, ódio e violência. Você não consegue remover percepções equivocadas com uma arma.

12
Transformando o medo em amor
Os quatro mantras

Temos um medo grande e constante dentro de nós. Temos medo de muitas coisas: da nossa própria morte, de perder as pessoas que amamos, da mudança, de ficar só. A prática da consciência plena nos ajuda a tocar o destemor. É somente aqui e agora que podemos experimentar um alívio completo e felicidade total.

Medo, aflição e depressão são como um tipo de lixo. Mas estas porções de lixo são partes da vida real, e devemos examinar profundamente a natureza delas. Podemos praticar para que estas porções de lixo sejam transformadas em flores. Não devemos jogar fora coisa alguma. Tudo o que precisamos fazer é aprender a arte da compostagem, de transformar nosso lixo em flores. Na prática do budismo nós vemos que todas as formações mentais – inclusive a compaixão, o amor, o medo, a aflição e o desespero – são orgânicas por natureza. Não temos que ter medo de nenhuma delas, porque a transformação é sempre possível. Com apenas um sorriso e respiração consciente nós podemos transformá-las. Quando sentimos medo, irritação ou depressão podemos reconhecer a presença delas e praticar os mantras abaixo.

Um mantra é um tipo de fórmula mágica que, uma vez proferida, pode mudar inteiramente uma situação. Ele pode nos transformar, e pode mudar os outros. Mas esta fórmula mágica deve ser pronunciada concentradamente, com o corpo e a mente focados e unos. O que você diz neste estado de ser se torna um mantra. Eu compartilho estes quatro mantras por serem sustentáculos da prática de nos voltarmos para estar realmente presentes para nós mesmos e para as pessoas que amamos, livrando-nos do medo, cultivando o amor verdadeiro e restaurando a comunicação. Estes mantras podem ser muito efetivos para regarmos as sementes de felicidade em nós mesmos e na pessoa amada, e para transformarmos o medo, sofrimento e solidão.

O mantra para oferecer sua presença

O presente mais precioso que você pode ofertar à pessoa que você ama é sua verdadeira presença. Então o primeiro mantra é muito simples: *"Querido(a), eu estou aqui para você"*.

Em nossa vida diária, a maioria de nós tem muito pouco tempo para cultivar o amor. Estamos todos tão ocupados. De manhã, quando tomamos café, não temos tempo de olhar as pessoas que amamos. Comemos muito rapidamente enquanto pensamos em outras coisas, e às vezes até seguramos um jornal que nos impede de ver os rostos das pessoas amadas. À noite, quando voltamos pra casa, estamos demasiadamente cansados para sermos capazes de olhar para elas.

Quando você ama alguém, a melhor coisa que você pode oferecer àquela pessoa é sua verdadeira presença. Como você poderia amar sem estar presente? Volte-se para dentro de si, olhe nos olhos dele(a) e diga: *"Querido(a), sabe de uma coisa? Estou aqui para você"*. Você está oferecendo sua presença a ele(a). Você não está preocupado com o passado ou o futuro, você está ali para o(a) seu(sua) amado(a). Você deve dizer isto com o corpo e a mente simultaneamente, e depois você verá a transformação.

Mantra para reconhecer seu amado

O segundo mantra é: *"Querido(a), eu sei que você está aí e estou muito feliz"*.

Estar presente é o primeiro passo, e reconhecer a presença da outra pessoa é o segundo passo. Porque você está inteiramente presente, você reconhece que a presença da pessoa amada é algo muito precioso. Você abraça seu amado ou sua amada com cuidado, e ele ou ela vai vicejar como uma flor. Ser amado significa em primeiro lugar ser reconhecido como existente.

Estes dois primeiros mantras podem trazer felicidade imediatamente, mesmo se a pessoa que você ama não estiver presente em sua forma física. Você pode usar o telefone ou e-mail para dizer a ela(ele): "Querida(o), eu sei que você está aí, e isso me deixa feliz". Esta é uma meditação real. Nesta meditação específica existe amor, compaixão, alegria e liberdade – os quatro elementos do verdadeiro amor, como Buda descreveu.

O mantra para aliviar sofrimento

O terceiro mantra é aquele que você pratica quando a pessoa amada está sofrendo: *"Querido(a), eu sei que você está sofrendo. Por isso estou aqui para você"*.

Antes mesmo de fazer qualquer coisa para ajudar, estar presente de corpo e alma já proporciona algum alívio, porque quando sofremos temos uma grande necessidade da presença da pessoa amada. Se estivermos sofrendo e a pessoa que amamos nos ignora, sofremos mais. Então, o que você pode fazer imediatamente é manifestar sua verdadeira presença para quem você ama e dizer o mantra plenamente consciente: *"Querido(a), eu sei que você está sofrendo. Por isso, estou aqui para você"*. E a pessoa amada logo se sentirá melhor.

Sua presença é um milagre, sua compreensão da dor do outro é um milagre, e você é capaz de oferecer este aspecto do seu amor. Tente realmente estar presente, para si mesmo, para a vida, para as pessoas que você ama. Reconheça a presença dos que vivem no mesmo lugar que você, e tente estar presente quando algum deles estiver sofrendo, pois sua presença é muito preciosa para esta pessoa.

Mantra para estender a mão pedindo ajuda

Este quarto mantra é um pouco mais difícil: *"Querido(a), eu estou sofrendo; por favor me ajude"*.

Este mantra é para quando você estiver sofrendo e acreditando que foi o seu amado ou sua amada quem causou o seu sofrimento. Se outra pessoa tivesse cometido o mesmo erro com você, você sofreria menos. Mas esta é a pessoa que você mais ama, por isso você sofre profundamente, e a última coisa que você gostaria de fazer é pedir ajuda àquela pessoa. Você prefere ir pro seu quarto, trancar-se e chorar inteiramente só. Então agora é o seu orgulho que é o obstáculo à reconciliação e cura. De acordo com o ensinamento de Buda, no amor verdadeiro não há lugar para o orgulho.

Quando você está sofrendo desse jeito, você deve ir até a pessoa amada, pedir-lhe ajuda. Isto é amor verdadeiro. Não permita que o orgulho os separem. Você deve superar o seu orgulho. Você deve sempre ir até ele ou ela. É para isto que este mantra serve. Primeiro pratique para si mesmo, para fazer surgir a unidade corpo-mente antes de se dirigir até a outra pessoa para dizer o quarto mantra: *"Querido(a), eu estou sofrendo; por favor me ajude"*. Isto é muito simples, mas muito difícil de fazer.

Comece consigo mesmo

Os quatro mantras servem para remover o medo, a dúvida e o isolamento. Eles não são complicados ou difíceis de compreender. E você não tem que recitá-lo em sânscrito ou chinês – em português será bom o suficiente. Você deve decorá-los[7] e deve ter a coragem, a sabedoria e a alegria de praticá-los. A prática da consciência plena, da meditação, consiste em voltarmo-nos para dentro de nós para restabelecer a paz e a harmonia. A energia que nos capacita a fazer isto é a consciência plena, uma energia que também carrega dentro de si concentração, compreensão e amor. Se voltarmo-nos para dentro de nós para restaurar paz e harmonia, então será muito mais fácil ajudar outra pessoa, e restabelecer comunicação em nossos relacionamentos.

Cuidar de nós mesmos, restabelecer a paz dentro de nós, é condição básica para ajudar outra pessoa. Você pode ajudar outra pessoa a parar de causar sofrimento para ela mesma e para os outros. Uma vez que saiba como desativar a bomba dentro de si, você será capaz de ajudar seu amigo a desativar a bomba dentro dele. Para sermos capazes de ajudar, deve haver, pelo menos, um pouco de calma, um pouco de alegria, um pouco de compaixão dentro de nós. Nós conseguimos isso praticando a consciência plena na vida cotidiana. Consciência plena não é algo

---

7. O significado etimológico da palavra decorar é *"decor-<* prep. lat. *de* + subst. lat. *cor, cordis* 'coração, sede da afetividade e tb. da inteligência e da memória' + *-ar"* (*Dicionário Eletrônico Houaiss da Língua Portuguesa*, 3.0). Em suma, decorar significa aprender com o coração. Mas este significado parece ter se perdido nas práticas das "decorebas" [N.T.].

que praticamos somente no salão de meditação; nós também praticamos na cozinha, no jardim, ou quando estamos ao telefone, dirigindo o carro, ou lavando os pratos. Estar presente com o que existe de belo e saudável dentro de nós e à nossa volta é algo que devemos fazer todo dia. E é possível fazer isto durante todas as nossas atividades diárias.

13
O oposto do medo

Quando me encontrei com Dr. Martin Luther King Jr., em 1966, durante a Guerra do Vietnã, uma das coisas que discutimos foi a importância de estabelecermos comunidades – ou sangas, como as chamamos no budismo. Dr. King sabia que era vital formar comunidades. Ele sabia que, sem uma comunidade, pouco poderia ser realizado. Um forte sentimento de irmandade nos dá força quando sentimos medo ou desespero e nos ajuda a manter o nosso poder de amar e ser compassivo. A fraternidade pode curar e transformar nossas vidas. Dr. King passou muito tempo formando uma comunidade que ele chamava de "a querida comunidade".

Nossa comunidade querida, nossa sanga, é um grupo de pessoas que praticam juntas, gerando consciência plena, concentração e *insight*. Todos se sentem envolvidos e apoiados pela energia coletiva gerada pela prática. Geralmente, nosso sentimento de solidão e isolamento alimenta nossos medos e os estimula a crescer. Na sanga, existem pessoas que são suficientemente firmes na prática que conseguem sentar conosco e compartilhar suas energias de consciência plena. Podemos chamá-las para nos dar apoio: "Querido irmão, querida irmã, eu preciso da sua presença. Eu tenho uma grande dor e sozinho não consigo abraçá-la. Então, por favor, ajude-me". Nós respiramos juntos, e com nossa energia conjunta de consciência plena somos capazes de reconhecer, abraçar e transformar aquela dor. Nós sabemos que fazemos parte do rio da sanga, não somos gotas d'água isoladas, e juntos conseguiremos chegar ao oceano.

Quando há paz e cura sabemos que aquela é uma verdadeira sanga. Com o apoio da sanga, a prática fica mais fácil e a vida em geral se torna muito mais fácil. Sua família e grupo de amigos podem ser sua sanga. A sanga é qualquer comunidade que lhe apoia. Formar uma sanga significa estabelecer sua segurança, sua assistência e sua felicidade.

A escuta profunda e a fala amorosa

Quando a comunicação é interrompida, todos nós sofremos. Quando ninguém nos ouve ou nos compreende, somos como bombas prestes a explodir. Escutar compassivamente faz a cura brotar. Às vezes apenas dez minutos sendo escutado profundamente pode nos transformar e trazer um sorriso de volta aos nossos lábios.

Muitos de nós, em nossas famílias, perdemos a capacidade de ouvir e de usar a fala amável. Pode ser que ninguém seja capaz de ouvir ninguém. Por isso nos sentimos muito sozinhos mesmo dentro de nossas próprias famílias. Vamos à terapeuta, na esperança de que ela seja capaz de nos ouvir. Mas muitos terapeutas também têm profundo sofrimento dentro de si. Às vezes eles não conseguem ouvir tão profundamente quanto gostariam. Então, se realmente amamos alguém, precisamos nos treinar para sermos ouvintes profundos.

Nós também precisamos nos treinar para falar amavelmente. Nós perdemos a capacidade de dizer as coisas com tranquilidade. Ficamos irritados com muita facilidade. Toda vez que abrimos a boca, nossa fala é azeda ou amarga. Nós perdemos a capacidade de falar carinhosamente. Sem essa habilidade, nós não poderemos ter êxito em restaurar harmonia, amor e felicidade.

No budismo, nós falamos dos bodisatvas, seres sábios e compassivos que permanecem na Terra para aliviar o sofrimento dos outros. O bodisatva Avalokiteshvara, também chamado de Quan Yin, tem a grande capacidade de ouvir com compaixão e verdadeira presença. Quan Yin é o bodisatva que consegue ouvir e compreender os sons do mundo, os gritos de sofrimento.

Você tem que praticar inspirando e expirando conscientemente para que a compaixão sempre esteja com você. Você ouve sem dar conselhos ou transmitir julgamentos. Você pode dizer a si mesmo sobre a outra pessoa: "Estou ouvindo esta pessoa somente porque quero aliviar o sofrimento dela". Isso é chamado de *escuta compassiva*. Você tem que ouvir de um modo tal que permita a compaixão estar com você durante todo o tempo em que estiver ouvindo. Ouvir é uma arte. Se a irritação ou raiva se manifestarem enquanto você escuta, você não mais conseguirá ouvir profundamente. Você tem que praticar de um modo tal que, toda vez que a energia da irritação e raiva vierem à tona, você possa inspirar e expirar conscientemente e continuar a manter a compaixão dentro de si. Não importa o que a outra pessoa diga, mesmo que haja muita injustiça na forma de ela ver as coisas, mesmo que ela lhe condene ou acuse, você continua inspirando e expirando, ali sentado com muita tranquilidade.

Se você não estiver em boa forma, se sentir que não consegue continuar ouvindo deste jeito, permita que a outra pessoa saiba. Pergunte ao seu amigo: "Querido amigo, podemos continuar dentro de alguns dias? Estou precisando me renovar. Eu preciso praticar para que eu consiga ouvir você da melhor maneira possível". Pratique mais a caminhada meditativa, a respiração consciente, e sente-se para meditar para restaurar sua capacidade de ouvir compassivamente.

Caminhando com a sanga

Uma coisa maravilhosa para se fazer em comunidade é andar em meditação. Quando estamos juntos fisicamente ativos, nos movendo, é fácil nos sentirmos apoiados pela energia coletiva. É bom começar sua prática de meditação andando com um grupo para receber este apoio. Você pode pedir a um amigo para ir com você, ou pode até pegar na mão de uma criança e andar com ela.

Para praticar a meditação andando sozinho, você pode começar firmando um acordo com uma escada: você se compromete a sempre subir e descer aquela escada conscientemente, com passos bem firmes. Se acontecer de, na metade do caminho, você perceber que um dos seus passos foi dado sem que você estivesse verdadeiramente presente, desça e recomece. Se conseguir ter êxito praticando com aquela escada, então, em qualquer lugar que for, você será capaz de habitar o momento presente. Você também pode fazer um acordo com uma distância particular, talvez da sua área de trabalho até a toalete, e se comprometer a toda vez que andar aquele percurso dar passos firmes e conscientes; senão você volta e recomeça. É uma forma maravilhosa de aprender a viver profundamente cada momento da vida diária, impedindo que a energia do hábito lhe arraste. Ande com os seus pés, não com sua cabeça. Traga sua atenção para os pés e ande. Ande de tal modo que a alegria e a vida real sejam possíveis exatamente aqui e agora.

Quando praticamos a meditação andando em grupo, produzimos uma energia coletiva de consciência plena e paz que nos nutre e nos ajuda a curar.

A consciência plena coletiva

Podemos continuar melhorando a qualidade de nossa prática mantendo contato regularmente com nossa comunidade. Uma comunidade de praticantes gerando energia coletiva de consciência plena e concentração nos ajudará muito. Especialmente quando estamos simplesmente começando a praticar, a nossa consciência plena e concentração podem não ser suficientemente fortes para reconhecermos e abraçarmos nossa dor, nossa aflição e nosso medo. Com uma comunidade nos apoiando, temos mais chance.

Quando estivermos sofrendo, poderemos ir até a sanga e dizer: "Queridos amigos, queridas amigas, esta é a minha dor, o meu desespero, a minha raiva; isso é demais para mim. Por favor, ajude-me a suportar este bloco de dor, de aflição e de medo em mim". Nós deixamos que a sanga nos envolva, nos carregue com sua poderosa energia de consciência plena e concentração; de repente, sentimos que somos capazes de estar com nosso medo e abraçar nossa dor e aflição. Sentar com a sanga desta maneira, praticando inspirando e expirando conscientemente, lhe trará alívio, e isto começa a lhe transformar e curar. A presença de uma sanga em nossa vida de praticante é muito importante; então, enquanto praticante, nós sempre pensamos em ajudar a formar uma sanga na área em que vivemos.

Na tradição budista nós chamamos nossa prática de o nosso *corpo do Darma*. Nós temos nosso corpo físico, mas se tivermos uma prática espiritual, temos também outro corpo, o nosso corpo do Darma. Com o corpo do Darma nós podemos lidar com nossas dificuldades e sofrimentos, e se nosso corpo do Darma for forte, poderemos ajudar outras pessoas.

O *Darma* pode ser entendido como os ensinamentos de sabedoria. Existe o Darma falado e o Darma escrito, mas existe também um Darma vivificante. Quando praticamos respirando conscientemente, quando praticamos andando conscientemente, mesmo que não estejamos dizendo coisa alguma e não estejamos ouvindo qualquer palestra de Darma, nós estamos encarnando o Darma vivo. Irradiar paz e alegria e vida por todos os lados é o que chamamos de *Darma vivificante*.

A sanga de Buda

A primeira coisa que Buda fez, após sua iluminação aos pés da árvore Bodhi, foi procurar pessoas à sua volta para estabelecer uma sanga. Buda sabia, assim como Dr. King compreendeu mais de vinte séculos depois, que sem uma sanga ele não poderia realizar o seu sonho, sua carreira enquanto um buda. Sem uma comunidade, sem uma sanga, um buda não consegue fazer muita coisa. É como um músico sem um instrumento. Buda Shakyamuni foi um excelente fundador de sangas. Em pouquíssimo tempo ele construiu uma sanga monástica de 1.250 pessoas. Não foi sempre fácil, mas ele aprendeu. Nós também podemos aprender a formar uma sanga.

Todos nós estamos conscientes do sofrimento existente em nós e no mundo. Queremos fazer algo, ser algo, para ajudar a diminuir o sofrimento. Muitos de nós nos sentimos impotentes porque o sofrimento é grande demais. Sozinho, parece impossível fazer algo que alivie aquele sofrimento. Ele é devastador. Ficamos doentes e deprimidos. Quando Buda era um jovem rapaz, ele tinha o mesmo sentimento. Ele via todo o sofrimento à sua volta. Ele viu que até mesmo um rei não seria capaz de fazer muito para transformá-lo. Por isso, ele decidiu não se tornar um rei. Ele buscou outro caminho. O que motivou ele a se tornar um monge, a praticar, foi o seu desejo profundo de ajudar as pessoas a sofrerem menos.

Monges, monjas e praticantes laicos estão motivados pelo mesmo desejo que Buda: fazer algo para aliviar o sofrimento em nós mesmos e no mundo. O sofrimento dentro de nós reflete o sofrimento no mundo. Se compreendermos nosso sofrimento, compreenderemos o sofrimento do mundo; se conseguirmos transformar nosso próprio sofrimento, seremos capazes de ajudar na transformação do sofrimento do mundo. E foi exatamente isto que Buda fez.

Quando eu era um jovem monge, durante as décadas de guerra no Vietnã, o sofrimento era imenso. Milhões de pessoas morreram – não somente os soldados, mas também muitos cidadãos; não somente adultos, como também crianças. Nós estávamos inundados de sofrimento. Queríamos fazer algo para terminar a guerra. Eu via claramente que muito pouco poderia ser feito se agíssemos sozinhos; nós tínhamos que nos unir enquanto sanga, para assim podermos fazer muito.

Todo mundo sente de forma muito parecida. Nosso planeta está atormentado por tantos perigos. Há tanta violência e sofrimento no mundo. Se permitir que a epidemia da impotência lhe domine, você enlouquece. Você quer *fazer* algo – acima de tudo sobreviver, depois ajudar na redução do sofrimento. E temos visto, tal como Buda viu, que, se não tivermos uma sanga, não conseguiremos fazer muito. Por isso, nós nos unimos e agrupamo-nos enquanto sanga em todas as dificuldades, porque sabemos que não existe saída desta situação, exceto com uma sanga.

Quando vemos o sofrimento do mundo, nós compreendemos que, comparativamente, o nosso sofrimento interno é ínfimo. Esta compreensão diminui nosso sofrimento imediatamente. Entrando em contato com o sofrimento do mundo, sentimo-nos menos sozinhos, e o nosso próprio sofrimento já parece menor. Reunindo-nos enquanto sanga, nós temos uma aspiração coletiva. Há uma disposição, energia e desejo coletivos. Este é o tipo de energia que nos ajuda a compreender que juntos podemos fazer muito. Eu acredito que o próximo buda não mais será um indivíduo, será uma sanga, pois um único buda não é mais suficiente. Nós temos que ser uma sanga.

Nós podemos nos reunir de uma forma que nutra nossa alegria como também o nosso senso de humanidade compartilhada. Sentimos alegria fazendo coisas juntos enquanto uma sanga, sorrindo, cantando, trabalhando juntos. Enquanto estamos juntos, desenvolvemos nossa felicidade, nossa purificação e nossa aspiração. À medida que nossa aspiração fica cada vez mais forte, podemos enfrentar muitas dificuldades e agir conjuntamente para ajudar a reduzir o sofrimento no mundo.

Nós podemos conseguir muita alegria trabalhando juntos como uma sanga. Este tipo de alegria vai nos curar e ajudará a curar o mundo. Sem a alegria da irmandade, não conseguimos ir muito longe. Bondade amorosa não é outra coisa senão irmandade, compreensão e um amor nutridor. Não é amor romântico. Amor romântico não basta. É passageiro. Irmandade é um amor duradouro que pode nos assistir e ajudar a realizar nossos votos.

Devemos entrar em contato com a consciência de que sem uma sanga, sem estarmos genuinamente unidos, não poderemos ajudar na transformação do medo e sofrimento do mundo. Devemos aprender a inspirar e expirar conscientemente para soltar nossas tensões e abraçar nossos sentimentos dolorosos. Quando houver um sentimento de medo, de raiva ou desespero, nós precisamos saber cuidar daquele sofrimento. Quando houver um conflito, temos que saber praticar escutando profunda e compassivamente, e falando amavelmente para que a comunicação seja restaurada. Isto é algo que podemos aprender somente se soubermos praticar. Nossa prática nos ajuda a transformar o sofrimento e nós mesmos, em nossas famílias, comunidades e no mundo. Mas a prática não será fácil se não houver uma sanga.

Formando uma sanga

A primeira coisa que precisamos fazer é olhar em volta e identificar os elementos da nossa sanga. Temos que começar como Buda começou. Não devemos esperar até o nosso próximo retiro ou férias de verão; precisamos, imediatamente, nos juntar a uma sanga ou começar a formar uma sanga em casa. Assim poderemos continuar nossa prática. Poderemos praticar andando, sentando, respirando e ouvindo o sino em consciência plena. Formar uma sanga é um trabalho muito importante e muito nobre. Cada um de nós deve pensar em fazer isto assim que possível. Por favor, forme uma sanga, uma sanga verdadeira, uma comunidade que possa gerar irmandade, paz, energia e consciência plena.

Se não houver uma sanga já formada suficientemente próxima ou adequada a você, por favor, comece uma em sua casa, em sua cidade, e crie um refúgio para si mesmo, para os seus filhos, seus amigos e sua família. A energia de grupo é, em si mesma, mais forte do que nossa energia individual, e, se você souber dispor dela, estará suficientemente forte para apoderar-se dos seus sentimentos e não ser subjugado por eles.

Quando você joga uma pedra no rio, independentemente do quão pequena ela seja, ela descerá até o fundo. Mas se tiver uma canoa, você poderá guardar muitas pedras flutuantes. O mesmo é verdadeiro em relação a uma sanga. Se estiver sozinho, você pode afundar no rio do sofrimento, mas se estiver numa comunidade de prática que lhe ajude a ser enlevado e você permitir que a sanga abrace sua dor e aflição, você flutuará. Muitos de nós temos nos beneficiado muito da energia coletiva da sanga. Se você vir que a sanga é preciosa e crucial para sua prática, se empenhe ao máximo para formar um grupo de pessoas para praticar junto, e todos se beneficiarão. Este é o seu salva-vidas.

Quando você pratica bem, torna-se um refúgio para si mesmo e também para as pessoas que você ama. Se transformar sua família numa sanga, outras pessoas podem vir e tomar refúgio em sua família. Se você for capaz de juntar algumas famílias, você estabelece uma sanga, e se a prática prosseguir bem no seu grupo, ela se torna um refúgio para muitas outras pessoas. Quando estamos numa sanga, nós somos como uma gota num grande rio. Nós permitimos à sanga nos sustentar e nos transportar, e o nosso medo, dor e sofrimento são reconhecidos, abraçados e transformados.

14
Práticas para transformar o medo

14.1 Soltando o medo do corpo e dos sentimentos – Oito exercícios simples para uma consciência plena

Praticar respirando conscientemente nos ajuda a experimentar paz e alegria. Quando estamos concentrados em nossa respiração, não estamos sendo carregados por pensamentos relativos ao passado ou futuro. Estamos livres de todo pensamento. Quando estamos perdidos em pensamento, não podemos estar realmente presentes. Descartes disse: "Penso, logo existo"; mas, na maioria das vezes, a verdade está mais próxima de "Penso, logo eu não estou realmente presente".

Quando trazemos nossa atenção para nossa inspiração não estamos *pensando* sobre a inspiração, esta é uma experiência direta. Estamos vivenciando nossa inspiração. Nossa inspiração não é um pensamento; é uma realidade. Estamos vivendo a realidade que é nossa inspiração. "Inspirando, eu me deleito com minha inspiração". Quando respiramos desta forma, com consciência plena, podemos ver muitas coisas. Podemos tocar o milagre da vida, porque, quando nós respiramos conscientemente, compreendemos que estamos vivos. Estar vivo é algo fantástico. Estar presente no aqui e agora, respirando, é um milagre. Estar vivo é um dos grandes milagres. Os pais segurando seus bebês recém-nascidos sabem disso; as pessoas em seus leitos de morte também sabem disso. Estar vivo, respirando, dando passos sobre este planeta, é uma coisa maravilhosa. Nós não precisamos beber vinho ou receber amigos numa festa de jantar para celebrar a vida; podemos celebrá-la em cada momento com nossa respiração e nossos passos. Com consciência plena e concentração nós podemos estar em contato com, e viver cada momento da nossa vida cotidiana como se fosse um milagre. E podemos fazer isto hoje, neste exato momento.

 A energia da consciência plena pode ser gerada a qualquer momento, em qualquer lugar. Respirando conscientemente e andando conscientemente esta energia nos porá em contato profundo com as maravilhas da vida, e é isto que nos traz felicidade. Nossa prática é muito concreta, muito simples. Quando você inspira e realmente presta atenção à sua inspiração, haverá uma mudança imediata. Você fica mais presente, e entra mais em contato com a realidade. Quando pratica andando em meditação, você anda tão atentamente que é capaz de tocar a realidade de forma mais profunda. E você começa a viver sua vida mais profundamente. A sua proximidade da realidade depende da maneira como você respira e observa.

Aqui estão alguns exercícios simples de respiração consciente para serem usados toda vez que o medo surgir. Os exercícios 1 a 4 são para você cuidar do corpo; os exercícios 5 a 8 são para você cuidar dos sentimentos.

Exercício 1

O primeiro exercício é extremamente simples, mas traz grande benefício: o *insight* de que você está realmente aqui, vivo. E você não é apenas este corpo, mas também o seu ambiente – você é tudo isso. A prática é tão simples, mas pode trazer os milagres da alegria e felicidade.

O primeiro exercício é este: *"Inspirando, eu sei que esta é uma inalação. Expirando eu sei que esta é uma exalação"*. Nós reconhecemos a inalação enquanto inalação e a exalação enquanto exalação. É fácil. Quando fazemos isso, trazemos nossa atenção para a inalação e exalação. Nós deixamos os nossos pensamentos pra lá; deixamos o passado, o futuro e nossos projetos pra lá. Ficamos somente com nossa respiração e estamos livres. Nossa inspiração se torna o único objeto da nossa atenção e consciência. Podemos nos deleitar somente por estar respirando.

Exercício 2

O segundo exercício é este: *"Inspirando, eu sigo todo o percurso da minha inalação, do início ao fim. Expirando, eu sigo todo o percurso da minha expiração, do início ao fim"*. A inalação pode durar dois segundos, cinco segundos ou mais. Você segue toda a inalação, desde o início até o fim, sem qualquer interrupção, e se deleita durante todo o trajeto, durante toda a extensão da respiração. Desta maneira sua concentração se torna cada vez mais potente. É assim que treinamos nossa concentração. A consciência plena carrega dentro dela a energia da concentração, e, com concentração, as condições amadurecem para que o *insight* se manifeste a qualquer momento.

Deste modo, o primeiro exercício é identificar a inspiração e expiração; e o segundo exercício é permanecer com a inspiração e expiração durante toda a extensão delas.

Exercício 3

O terceiro exercício é este: *"Inspirando, estou consciente de todo o meu corpo. Expirando, estou consciente do meu corpo inteiro"*. Durante o percurso da inalação você entra em contato com o seu corpo físico, e seu corpo se torna o objeto da sua consciência plena. Isto significa trazer a mente de volta ao corpo. Existe uma reunificação, um reencontro do corpo com a mente, de forma que você está verdadeiramente presente, corpo e mente unidos. A unidade corpo-mente é o objeto do terceiro exercício: *"Inspirando, estou consciente do meu corpo inteiro"*. Este é um ato de reconciliação entre a mente e o corpo.

Talvez você tenha abandonado e negligenciado seu corpo por algum tempo. Pode ser que você não tenha cuidado bem do seu corpo pela maneira como come ou pela forma como trabalha. Então este é um momento em que você traz sua atenção de volta ao corpo e cuida dele, e se reconcilia com o seu corpo: *"Inspirando, estou consciente do meu corpo inteiro"*. E nós sabemos muito bem que respirando deste jeito você está realmente aqui, você está realmente presente, e tem algo para oferecer às outras pessoas. Você está presente para si mesmo e para os outros.

Exercício 4

Nós devemos utilizar esta prática em nosso cotidiano. Ao estar com o seu corpo você pode ver o que está acontecendo no seu corpo. Pode ser que você reconheça que existe tensão ou dor no seu corpo. Talvez a dor seja crônica, porque você permitiu que ela continuasse daquela forma por muito tempo. Você permitiu que a tensão e a dor se acumulassem no seu corpo. Agora, enquanto volta ao corpo, você pode fazer algo para soltar a tensão e reduzir a dor. Foi por isto que Buda nos ofereceu este quarto exercício: *"Inspirando, estou consciente de alguma tensão e dor no meu corpo; expirando, eu acalmo e solto a tensão e a dor do meu corpo"*.

O terceiro exercício é para reconhecer a existência do corpo e o quarto exercício é para soltar as tensões, permitindo que elas fluam para fora do corpo. *"Inspirando, estou consciente de todo o meu corpo. Expirando, estou consciente de todo o meu corpo". "Inspirando, estou consciente de alguma tensão e dor no meu corpo; expirando, eu acalmo e solto a tensão e a dor do meu corpo"*. Quando a tensão é liberada, a dor é reduzida.

Então, com os primeiros quatro exercícios, nós aprendemos a lidar com nossa respiração, com nosso corpo, e a cuidar do nosso corpo. "Eu não sou apenas meus pensamentos e projetos; eu tenho um corpo. Eu quero cuidar bem do meu corpo e conhecê-lo bem. A respiração é parte do meu corpo." E como tudo está conectado, nós já estamos começando a entrar em contato com os sentimentos, porque, quando entramos em contato com nosso corpo, nós reconhecemos a tensão, a dor. A tensão produz uma sensação desagradável, um sentimento desagradável. Dor também é um sentimento desagradável. Por causa disto nós praticamos o relaxamento. Nós soltamos a tensão para que possamos nos sentir melhor e reduzir a dor do corpo. Estes exercícios para respirar conscientemente são muito metódicos.

O reino dos sentimentos

Nos próximos quatro exercícios entramos totalmente no reino dos sentimentos. O quinto exercício consiste em produzir um sentimento prazeroso, um sentimento de alegria. Quando nós praticamos a consciência plena, devemos ser capazes de gerar um sentimento de alegria, um sentimento de felicidade. No budismo, falamos frequentemente sobre como podemos cuidar do nosso sofrimento, mas nós também falamos em alegria. Um praticante deve saber cuidar da felicidade e também do sofrimento. O quinto e sexto exercícios são para fazer brotar a alegria e a felicidade. O sétimo exercício é para cuidar da dor e do sofrimento. Existe uma razão para estes exercícios primeiro falarem sobre a felicidade e depois sobre o sofrimento. Nós precisamos de alguma alegria e felicidade que nos dê força para transformar o sofrimento.

"Inspirando, eu reconheço um sentimento agradável". Tradicionalmente, nós dizemos que existem três tipos de sentimentos: sentimentos agradáveis, sentimentos desagradáveis e sentimentos neutros. Para mim existe também um quarto: um sentimento misturado, quando felicidade e dor estão juntas, misturadas como um sentimento doce-azedo.

O quinto e sexto exercícios são para reconhecermos os sentimentos agradáveis. Você pode reconhecer um sentimento agradável quando ele se manifestar. Ou você pode fazer surgir um sentimento agradável a qualquer momento. Como você pratica a consciência plena, sabe reconhecer um sentimento de felicidade, e também pode fazer brotar um sentimento de felicidade. Com consciência plena e concentração, é sempre possível fazer com que um sentimento de felicidade surja.

As condições de felicidade

Existem tantas condições de felicidade disponíveis no momento presente. Você pode pegar uma folha de papel e um lápis e escrever todas elas. No início você pode pensar que sua lista não será longa. Mas você se surpreenderá quando descobrir que os dois lados do papel não são suficientes para escrever todas as condições de felicidade que já estão disponíveis.

Quando olhamos para o nosso próprio corpo e o meio ambiente, nós podemos identificar muitas condições de felicidade que já estão disponíveis – centenas, milhares delas. Por exemplo, os seus olhos estão em boas condições, você precisa somente abrir os olhos par ver um paraíso de formas e cores. Quando perdemos a visão, reconhecemos como é maravilhoso ter uma vista boa. Portanto, ter a vista em boas condições já é uma condição de felicidade. Graças aos seus olhos estarem em boas condições, todo este paraíso está disponível para você. Se você tocar esta condição com consciência, a felicidade naturalmente surgirá.

Existem outras inúmeras maravilhas como estas em sua vida. Por exemplo, o seu coração existe. *"Inspirando, eu estou consciente do meu coração"*. Com consciência plena você reconhece a presença do seu coração. *"Inspirando, eu sei que o meu coração existe, e estou muito feliz"*. Ter um coração que funciona normalmente é uma grande felicidade. Quando você trabalhou um longo turno, você pode ter a chance de repousar, mas o seu coração nunca para de funcionar;

ele vive batendo para você vinte e quatro horas por dia. Seu coração está saudável e funcionando para você; isto é uma coisa maravilhosa. Existe aqueles entre nós que não têm um coração assim, e está sempre temendo ter um ataque cardíaco ou alguma outra emergência. Não há nada no mundo que elas queiram mais do que ter um coração normal, igual ao que você tem. Então, respire e reconheça a presença do seu coração, e você estará tocando outra condição de felicidade. *"Inspirando, estou consciente do meu coração. Expirando, eu sorrio para o meu coração com muita gratidão"*. Você está tocando outra condição de felicidade. Você pode tocar centenas de condições de felicidade lá dentro do seu corpo e mente, como também à sua volta.

Com consciência plena e concentração é sempre possível fazer surgir um sentimento de felicidade. Tudo o que precisamos fazer é nos voltar para dentro de nós para que possamos reconhecer as condições de felicidade que estão disponíveis, e depois a felicidade logo surgirá. Alguém que pratica a consciência plena pode sempre gerar um sentimento de felicidade a qualquer hora e em qualquer lugar.

Se for capaz de produzir um sentimento de alegria, um sentimento de felicidade, então você também será capaz de lidar com sentimentos dolorosos. Uma pessoa que não pratica não sabe lidar com sentimentos dolorosos ou com fortes emoções. Mas aqueles entre nós que são praticantes, sabemos o que fazer quando um sentimento doloroso ou uma emoção arrebatadora surgem. Nós não somos vítimas. Quando um sentimento de felicidade ou sofrimento vêm à tona, nós simplesmente reconhecemos o sentimento pelo que ele é. Fazemos o mesmo com um sentimento agradável, nós apenas o reconhecemos. Não precisamos agarrá-lo ou nos grudar a ele. Nós apenas praticamos o mero reconhecimento do que está acontecendo, isto é, um sentimento agradável.

Nós não tentamos agarrar as sensações agradáveis, nem tentamos afastá-las. Apenas reconhecemos a existência delas. Quando um sentimento doloroso surge, nós fazemos a mesma coisa. Não precisamos agarrar, lutar ou reprimir um sentimento desagradável. Nós simplesmente reconhecemos a presença dele. Nós permanecemos livres, mesmo quando temos um sentimento doloroso. Um sentimento é apenas um sentimento. E você é muito mais do que este sentimento. Não devemos nos deixar ser arrastados por sentimentos, mesmo por um prazeroso, e menos ainda se for por um desagradável. Nós apenas praticamos o reconhecimento do sentimento.

Reconhecendo alegria e felicidade

No quinto exercício, reconhecemos um sentimento de alegria: *"Inspirando, eu sinto alegria. Expirando, eu sei que a alegria existe"*. E o sexto é para reconhecer um sentimento de felicidade: *"Inspirando, eu me sinto feliz. Expirando, eu sei que a felicidade existe"*. Os ensinamentos budistas traçam uma leve distinção entre alegria e felicidade. Imagine que alguém está andando num deserto, e está com muita sede, e não tem nada para beber. De repente ele vê um oásis adiante e sabe que será capaz de beber água ali. "Em cerca de quinze minutos eu chegarei lá e terei água pra beber!" Este é o sentimento de alegria. Quando o nosso amigo chega ao oásis, ajoelha-se e bebe a água, então há a sensação de felicidade. Alegria e felicidade são levemente diferentes. Na alegria ainda existe um pouco de excitação. A felicidade é um sentimento mais tranquilo, como o contentamento.

Nós temos que estar presentes para os nossos sentimentos. Há um rio completo de sentimentos fluindo dentro de nós dia e noite. Cada sentimento é uma gota daquele rio. Um sentimento nasce, se manifesta, permanece por algum tempo e depois desaparece. Nós podemos nos sentar às margens do rio dos sentimentos e observar, reconhecer cada sentimento quando ele se manifesta, vê-lo permanecer e vê-lo ir embora. Não devemos nos identificar com o sentimento, nem tentar evitá-lo. Nós somos livres, até mesmo dos nossos próprios sentimentos. Nós temos que nos treinar para reconhecer os sentimentos. E com consciência plena nós podemos fazer surgir um sentimento de bem-estar, um sentimento de felicidade a qualquer momento.

Reconhecendo e abraçando a dor

No sétimo exercício reconhecemos um sentimento doloroso ou desagradável: *"Inspirando, eu sei que um sentimento doloroso está presente. Expirando, eu acalmo este sentimento doloroso"*. Dor é um tipo de energia, e um não praticante pode ser apossado por aquele sentimento doloroso. Nós nos tornamos presas do sentimento doloroso, seja de uma sensação corporal ou emoção. Existem emoções arrebatadoras que são muito dolorosas, zonas de energia que se manifestam das profundezas da nossa consciência.

Toda vez que uma sensação ou emoção dolorosa surgir, o(a) praticante deve saber lidar com aquele sentimento. O método que Buda propôs é o de estabelecer contato com a semente de consciência plena dentro de nós. Nós podemos respirar, podemos andar com o intuito de gerar uma segunda zona de energia de consciência plena, que será capaz de cuidar da primeira energia: o sentimento doloroso. É muito importante que nos tornemos hábeis em respirar conscientemente e andar conscientemente, pois assim saberemos gerar as energias de consciência plena e concentração. É exatamente com estas energias que seremos capazes de lidar com nosso sentimento doloroso. A segunda zona de energia, que é consciência plena e concentração, vem à tona e abraça a primeira zona de energia, o sentimento doloroso. "Olá, meu medo. Olá, minha raiva. Olá, minha tristeza. Eu sei que vocês estão aí. Eu vou cuidar bem de vocês."

Existe a energia da dor e existe também a energia da consciência plena e da concentração. Quando estas energias positivas abraçam a energia dolorosa, haverá um resultado. Pois a energia de consciência plena penetrará como ondas de calor ou de luz solar. Nas primeiras horas da manhã, uma flor de lótus ainda está fechada. Na medida em que o sol se levanta, a luz solar começa a tocar as pétalas. A luz solar não apenas envolve a flor de lótus; os seus fótons realmente penetram a flor de lótus com energia, e logo a flor se abre. É exatamente isso o que fazemos. Quando abraçamos nossa dor, partículas de energia de consciência plena e concentração começam a penetrar, como fótons, as zonas de dor. E, depois de alguns minutos, isto trará alívio. É como quando uma sala está fria, você liga o aquecedor e ele emite ondas de calor. Aquelas ondas de calor não afugentam o frio para fora da sala; elas abraçam e penetram o ar frio, e depois de algum tempo o ar se torna mais aquecido. Não há violência nisto; nenhuma luta. É isto que um praticante faz. A consciência plena e a concentração abraçam a dor.

Livre do medo

No oitavo exercício acalmamos e soltamos a tensão do sentimento doloroso – abraçar, suavizar e socorrer o sentimento: *"Inspirando, eu acalmo minhas formações mentais. Expirando, eu acalmo minhas formações mentais"*. Este exercício é exatamente como o que fizemos com o corpo. Primeiro reconhecemos a presença do corpo, e depois trouxemos algum alívio para ele. Aqui fazemos o mesmo com os sentimentos. Nós reconhecemos a dor, e a aliviamos.

Nós abraçamos os nossos sentimentos com ternura, sem violência, e suavizamos estes sentimentos.

Alguns minutos podem ser suficientes para aliviar. Enquanto praticantes, nós devemos ser capazes de reconhecer, abraçar e aliviar nosso sofrimento. Se você é um iniciante e sua energia de consciência plena ainda não é suficientemente sólida para ser capaz de reconhecer e abraçar o sofrimento, por favor, peça ajuda a um amigo.

Depois de alguns minutos sendo reconhecida e abraçada, aquela zona de energia do sentimento doloroso regredirá, e você sentirá um alívio agradável de ter se desgarrado do medo ou da dor. Uma semente, vinda das profundezas da consciência, se manifesta, permanece algum tempo enquanto zona de energia, e depois desce de volta ao seu local de origem, enquanto semente. Mas depois de ter sido reconhecida e abraçada com consciência plena, ela perde sua força. A semente fica um pouco mais fraca do que antes de ela ter se manifestado. Você sabe como fazer isto; você sabe muito bem como tomar conta da sua dor. Toda vez que a dor se manifestar, nós temos que deixá-la se manifestar; não devemos empurrá-la para baixo. Não devemos tentar suprimi-la. Temos que deixá-la vir e cuidar bem dela.

Quando praticamos andando em meditação, quando respiramos conscientemente, nós geramos a poderosa energia de consciência plena que pode reconhecer e abraçar o nosso sofrimento e medo. Depois de fazer isto por algum tempo você verá que o medo desce de volta ao seu lugar anterior enquanto semente, e você compreenderá que da próxima vez que ele se manifestar você será capaz de fazer exatamente a mesma coisa. O seu medo e ansiedade crônicos serão realmente diminuídos.

Quanto mais praticarmos, mais seremos gentis com o nosso medo e seremos capazes de abraçá-lo; e o medo desaparecerá. É possível viver uma vida completamente destituída de medo no momento presente. Sem medo, somos capazes de ver mais claramente nossas conexões com os outros. Sem medo, temos mais espaço para a compreensão e a compaixão. Sem medo, somos verdadeiramente livres.

14.2 Transformando as raízes mentais do medo – Oito exercícios de respiração

Estes oito exercícios são continuações dos primeiros oito exercícios. Eles podem nos ajudar a compreender nossa mente e a largar as ilusões para que possamos tocar a verdadeira natureza da realidade e ser destemido.

O reino da mente

O objetivo do primeiro exercício é ficarmos conscientes das nossas mentes e identificarmos os nossos estados mentais, da mesma forma como o do terceiro exercício é ter consciência do corpo e o objetivo do sétimo, consciência dos sentimentos. *"Inspirando, estou consciente da minha mente. Expirando, estou consciente da minha mente".*

Existe um rio mental onde cada pensamento é uma gota d'água. Nós nos sentamos à margem deste rio e observamos a manifestação e o desaparecimento de cada pensamento. Podemos apenas identificá-los quando surgirem, enquanto permanecem por algum tempo, e quando forem embora. Nós não precisamos agarrá-los, nem lutar contra eles, nem repeli-los.

Quando o medo estiver presente, dizemos: *"Inspirando, eu sei que a formação mental do medo está em mim"*.

Quando a formação mental do medo estiver presente, nós inspiramos e reconhecemos a presença do medo em nós. Com consciência plena e concentração nós reconhecemos e abraçamos a formação mental que está ali. Depois nós podemos examinar profundamente a natureza daquela formação mental.

Tornando a mente feliz e aliviada

O segundo exercício é para alegrar a mente: *"Inspirando, eu torno minha mente feliz. Expirando, eu torno minha mente feliz"*.

Nós alegramos nossa mente para fortalecê-la e proporcioná-la vitalidade. É como a prática de gerar alegria e felicidade do conjunto de exercícios anteriores com um elemento adicional de revigorar e energizar a mente.

De acordo com a psicologia budista, a mente tem pelo menos duas camadas. A camada inferior é chamada de consciência armazenadora, e todas as sementes das formações mentais ficam lá. Quando uma semente é tocada ou regada, ela se manifesta na consciência mental como uma formação mental. Para alegrar a mente nós usamos uma prática chamada de *irrigação seletiva*.

Primeiro, nós deixamos as sementes negativas dormirem em nossa consciência armazenadora e não lhes damos oportunidade de se manifestarem; se elas se manifestarem com muita frequência, seus principais elementos serão fortalecidos. Segundo, se uma semente negativa se manifestar na consciência mental, nós a ajudamos a retornar à consciência armazenadora o mais rápido possível, onde ela poderá voltar a dormir enquanto semente. A terceira prática é para estimular as formações mentais positivas a se manifestarem em nossa consciência. Na quarta prática, quando uma formação mental benéfica se manifestar, nós tentaremos mantê-la manifestada o maior tempo possível. Nós devemos organizar nossas vidas para que as sementes benéficas das nossas formações mentais possam ser tocadas e regadas diversas vezes ao dia. Existem sementes boas em nossa consciência armazenadora que podem não ter conseguido se manifestar antes, e agora nós damos a elas uma chance.

Concentrando a mente

No terceiro exercício concentramos a mente. Praticamos a concentração para ter um *insight*: *"Inspiran-*

do, eu concentro minha mente. Expirando, eu concentro minha mente".

O fogo da concentração tem o poder de destruir aflições, tal como a luz do sol focada numa lente pode queimar uma folha de papel debaixo daquela lente. De modo semelhante, a concentração – olhando profundamente nosso medo, raiva, delusão[8] e desespero – pode incendiá-los, deixando o *insight*.

A concentração na vacuidade, a ausência de uma entidade permanente, é um tipo de concentração. Embora a vacuidade seja fácil de ser compreendida, e seja real, mesmo assim, nós não estamos habituados a pensar desta maneira. Nós temos, portanto, que nos treinar a olhar de um modo que sejamos capazes de ver as coisas mais profundamente e compreender a natureza delas que, em última instância, é vazia.

Os cientistas nos dizem que todos os objetos estão constituídos principalmente de espaço e que é ínfima a quantidade de matéria existente numa flor ou numa mesa – se juntarmos toda a matéria existente numa mesa seria menor do que um grão de sal. Nós sabemos que esta é a verdade, mas em nossas vidas cotidianas ainda pensamos numa mesa como algo grande e sólido. Quando os cientistas entram no mundo das partículas elementares, eles têm que colocar de lado suas formas habituais de ver as coisas como existindo separadamente umas das outras. Assim eles têm a chance de

---

8. Neste contexto, delusão é sinônimo de ignorância [N.T.]

compreender o que está realmente acontecendo no mundo da matéria. Até mesmo os cientistas têm que se treinar. Portanto, você tem que se treinar para ver desta forma na vida diária.

Concentração significa manter o *insight* vivo por muito tempo. Não por apenas um lampejo; isto não seria suficiente para lhe libertar. Desse modo, você mantém vivo diariamente aquele *insight* da inexistência de natureza autônoma, o *insight* da vacuidade, da impermanência. Quando vir uma pessoa, um pássaro, uma árvore ou uma rocha, você vê a natureza de vacuidade deles. Então isto se torna um *insight* que lhe libertará. É muito diferente de especular sobre o significado da vacuidade. Você tem que realmente *ver* a natureza da vacuidade em si mesmo e nos outros. Quando aquele *insight* estiver presente, você deixará de ter medo, deixará de estar constrangido, deixará de ser vítima da separação e discriminação, porque você viu a natureza do interser. Meditando profundamente, examinando detalhadamente a natureza de tudo o que existe, você pode tocar a natureza do interser daquele fenômeno. Seja de uma flor, um buda, uma pessoa, ou uma árvore, você toca a natureza da vacuidade e interexistência e vê que o um contém o todo.

Libertando a mente

Com o quarto exercício nós libertamos nossas mentes das aflições e noções: *"Inspirando, eu liberto minha mente. Expirando, eu liberto minha mente".*

Nossas mentes estão amarradas, presas em aflições, como medo, raiva, mágoa e discriminação. Estivemos praticando o estar consciente para abraçar nosso medo e nossa dor; mas para transformá-los totalmente precisamos da força da nossa concentração para nos libertarmos destas forças aprisionadoras.

Existem vários tipos de concentração que podemos praticar. Um é a concentração na impermanência. Temos uma noção de impermanência. Mesmo aceitando e concordando que as coisas são impermanentes, nossa noção de impermanência continua e determina como vemos as coisas e como nos comportamos na vida cotidiana. Embora saibamos intelectualmente que a pessoa que amamos é impermanente, nós ainda vivemos e nos comportamos como se nossos amados fossem sempre existir, e como se nós fôssemos sempre as mesmas pessoas que somos hoje. Mas tudo está mudando a cada instante, como um rio. Quando nos reencontramos com aquela pessoa, nós podemos estar nos relacionando com a pessoa de vinte anos atrás; pois não conseguimos entrar em contato com a pessoa do momento presente, que tem uma forma diferente de pensar e sentir. Então nós meditamos na impermanência para tocar a natureza da impermanência. Nós precisamos da concentração em impermanência, e não da noção de impermanência. A noção de impermanência não consegue nos libertar. É o *insight* da impermanência que nos liberta. *Insight* é algo totalmente diferente de noção.

Mas no início podemos usar o ensinamento, a noção da impermanência, como um instrumento que ajuda a fazer surgir o *insight* da impermanência. É como um fósforo e uma chama. O fósforo não é a chama, mas o fósforo pode fazer a chama surgir. E quando temos a chama, a chama consumirá o fósforo. Quando temos o *insight*, o *insight* queimará a noção. O que precisamos para nossa libertação é o *insight* da impermanência.

Percepção

Com estes quatro últimos exercícios nós investigamos a natureza dos objetos da nossa mente – isto é, como percebemos as coisas. Estas concentrações nos ajudam a ter uma percepção correta da realidade, do mundo. Muitos de nós ainda estamos aprisionados à noção de que a consciência está dentro de nós e o mundo objetivo está lá fora. Acreditamos que nossa consciência está aqui e estamos tentando alcançar e compreender o mundo objetivo lá fora. Quando olhamos para as coisas em termos da interexistência, vemos que o sujeito e o objeto da consciência não podem existir separadamente. É como direita e esquerda; uma não pode existir sem a outra.

Toda vez que percebemos algo, seja uma caneta ou uma flor, o objeto e o sujeito da percepção sempre se manifestam simultaneamente. Quando estamos conscientes, estamos sempre conscientes de algo; quando estamos atentos, estamos sempre atentos a algo; quando pensamos, sempre pensamos em algo. Portanto, objeto e sujeito se manifestam ao mesmo tempo.

Contemplando a impermanência

O quinto exercício é a concentração na impermanência, a prática que já descrevemos detalhadamente, como exemplo ilustrativo, no exercício anterior "Libertando a mente". *"Inspirando, eu observo a natureza impermanente de todos os darmas. Expirando, eu observo a natureza impermanente de todos os darmas"*[9].

Impermanência é apenas um tipo de concentração. Mas se a praticarmos bem, nós teremos êxito também em outras concentrações ao mesmo tempo. Mergulhando fundo na impermanência, descobrimos a inexistência do *self*, a vacuidade e interexistência. Por isso, a impermanência representa todas as concentrações. Enquanto inspiramos e expiramos, nós mantemos viva nossa concentração na impermanência até que possamos penetrar no coração da realidade. O objeto da nossa observação pode ser uma flor, um seixo, alguém que amamos, ou alguém que odiamos; pode ser nós mesmos, nossa dor, nosso medo, nossa mágoa. Qualquer coisa pode servir como objeto de meditação. Nossa intenção é tocar a natureza impermanente daquele objeto de meditação.

Libertando-se de anseios

O sexto exercício envolve contemplar a ausência de desejo, o não ansiar: *"Inspirando, eu observo o desa-*

---

9. Neste contexto, "*darma*" (com d minúsculo) significa todo e qualquer fenômeno; em oposição ao "Darma" (com D maiúsculo), utilizado em outras passagens do livro, que significa o corpo dos ensinamentos de Buda Shakyamuni [N.T.].

parecimento do desejo. Expirando, eu observo o desaparecimento do desejo".

Existe uma outra consciência, chamada de manas, que fica entre a consciência armazenadora e a camada mais elevada da mente, chamada de *manas*. Manas nasce da consciência armazenadora e serve como base da consciência mental. *Manas* contém muitas delusões e, portanto, tem a tendência de agarrar. Esta é a parte da nossa mente que está sempre buscando prazer e ignorando os perigos da busca do prazer. É *manas* que carrega nosso medo original e desejo. Contemplar a impermanência pode nos ajudar a transformar a delusão em *manas* para que a mesma se transforme em sabedoria. Examinamos profundamente o objeto do nosso anseio para compreender sua verdadeira natureza. O objeto do nosso anseio pode ser algo ou alguém que tenha a capacidade de destruir nosso corpo e nossa mente. Examinar profundamente o que desejamos e o que consumimos é uma prática crucial. O que trazemos para dentro do nosso corpo e mente todo dia pode estar alimentando o nosso anseio, medo e violência.

Nirvana

"Inspirando, eu observo a cessação. Expirando, eu observo a cessação."

No sétimo exercício nós observamos a cessação – nirvana, o fim de todas as noções – para que possamos tocar a realidade como ela verdadeiramente é. Assim podemos tocar nossa natureza interexistente e compreender que somos partes de todo o cosmos. A natureza da realidade transcende todas as noções e ideias, inclusive as noções de nascimento e morte, existir e inexistir, chegar e partir. Contemplar a impermanência, a inexistência de natureza autônoma, a vacuidade, a inexistência de nascimento e morte pode levar ao nirvana. As noções de nascimento e morte podem ser uma fonte de medo, angústia e ansiedade. Ao compreender a natureza da realidade que não nasce e não morre nos libertamos da ansiedade e medo.

Deixando ir

"Inspirando, eu observo deixando ir. Expirando, eu observo deixando ir."

Este exercício nos ajuda a examinar profundamente o ato de parar de ansiar, odiar e temer. Esta concentração nos ajuda a tocar a verdadeira natureza da realidade e trazer sabedoria, que pode nos libertar do medo, raiva e desespero. Nós deixamos pra lá nossas percepções equivocadas da realidade para que possamos ser livres. *Nirvana* significa literalmente esfriando, o apagar das chamas. No budismo, nirvana se refere à extinção das aflições surgidas devido às nossas percepções errôneas. Nirvana não é um lugar que se vai, ou algo pertencente ao futuro. Nirvana é a verdadeira natureza da realidade, das coisas como elas são. Nirvana está disponível no aqui e agora. Você já está no nirvana; você é nirvana, da mesma forma que a onda já é água.

Nossa verdadeira natureza é sem início e sem fim; sem nascimento e sem morte. Se soubermos entrar em contato com nossa verdadeira natureza, não haverá mais medo, raiva, desespero algum. Nossa verdadeira natureza é nirvana. Então se alguém próximo a você morreu recentemente, procure esta pessoa em sua nova manifestação. É impossível morrer. A pessoa continua em muitas formas. Usando os olhos da sabedoria, você pode reconhecê-la à sua volta ou dentro de si. E você pode continuar conversando com ela: "Querida, eu sei que você ainda existe em sua nova forma. É impossível para você morrer". O oitavo exercício nos ajuda a nos libertar das ilusões e entrar em contato com a verdadeira natureza da realidade. Isto nos dá liberdade e alívio, e nos traz muita felicidade.

Nós precisamos continuar aprendendo, praticando e discutindo, para que nossa compreensão continue a crescer. Habitando o momento presente você descobre que se tornou muito interessado na investigação da vida como um todo, e você pode descobrir muitas coisas maravilhosas, muitas maneiras maravilhosas de praticar. Isto não significa que você se perde em pensamentos; isto significa que você observa a realidade como ela é e descobre sua verdadeira natureza.

Vivemos com medo de muitas coisas – do nosso passado, da morte, de perder nosso "eu" ou identidade. Estes oito exercícios, juntos com os oito primeiros exercícios de respiração, nos traz o *insight* que nos capacita a tocar a dimensão última da realidade e a nos libertar do medo. Quando somos capazes de partilhar nossa maneira de ser e nosso *insight* com os outros, nós oferecemos a todos o maior dos presentes que existe: o destemor.

14.3 Relaxamento profundo para transformar o medo e o estresse

O medo pode se acumular em nosso corpo, causando estresse e tensão. Repousar é uma precondição à cura. Quando os animais da floresta se machucam, eles encontram um lugar para se deitar, e repousam plenamente por muitos dias. Eles não pensam em comida ou em qualquer outra coisa. Eles simplesmente repousam e são capazes de se curarem naturalmente. Quando, nós humanos, ficamos apreensivos e dominados pelo estresse, podemos ir à farmácia e comprar remédios, mas nós raramente temos a sabedoria de parar de correr em círculos. Não sabemos como nos ajudar.

O relaxamento profundo é uma oportunidade do nosso corpo repousar, curar e se restaurar. Nós relaxamos o corpo, damos atenção a uma parte de cada vez, e enviamos o nosso amor e carinho para cada célula. O relaxamento corporal profundo deve ser feito, pelo menos, uma vez ao dia. Ele pode durar vinte minutos ou mais. Você pode praticá-lo deitado na cama de noite ou de manhã. Você pode também praticá-lo toda vez que for conveniente, seja na sala ou em qualquer lugar que tenha espaço para você se deitar e não ser importunado. Também é possível praticar o relaxamento profundo na posição sentada, por exemplo, na escrivaninha do seu escritório.

Se o seu medo e ansiedade lhe mantém acordado durante à noite, o relaxamento profundo pode ajudar. Deitado acordado, você pode desfrutar a prática do relaxamento total e seguir sua inalação e exalação. Às vezes, o relaxamento pode lhe ajudar a dormir um pouco. Mas mesmo que você não durma, ele pode lhe acalentar e permitir-lhe descansar. É muito importante permitir-se descansar, e esta prática de relaxamento pode até mesmo ser mais profundamente repousante do que o sono, se o seu sono tem a tendência de ser cheio de pesadelos e outros sonhos intensos.

Quando praticamos o relaxamento profundo em grupo, uma pessoa guia o exercício usando as seguintes sugestões, ou algumas variações delas. Quando praticar o relaxamento profundo sozinho, você pode gostar de praticar enquanto lê ou ouve uma gravação.

Exercício de relaxamento profundo

Deite-se de costas, com os braços ao seu lado. Encontre uma posição confortável. Deixe seu corpo relaxar. Esteja consciente do chão debaixo de si... e do contato do seu corpo com o chão (*O leitor pode pausar aqui para respirar*). Deixe seu corpo afundar no chão (*Respire*).

Torne-se consciente da sua inspiração e expiração. E enquanto inspira e expira esteja consciente do seu abdômen subindo e descendo (*Respire*). Subindo... descendo... subindo... descendo (*Respire*).

Inspirando, traga sua consciência aos seus olhos. Expirando, permita aos seus olhos relaxarem. Permita que seus olhos afundem pra dentro da sua cabeça... Solte as tensões de todos os pequeninos músculos ao redor dos olhos... Os nossos olhos nos permitem ver um paraíso de formas e cores... Deixe os seus olhos descansarem agora... Envie amor e gratidão aos seus olhos... (*Respire*).

Você pode dizer para si mesmo: "*Inspirando, estou consciente dos meus olhos. Expirando, sorrio para os meus olhos*".

Inspirando, traga sua consciência à sua boca. Expirando, permita que sua boca descanse. Relaxe a tensão em volta da boca... Os seus lábios são as pétalas de uma flor... Deixe que um sorriso gentil brote em seus lábios... Sorrir solta as tensões de dezenas de músculos do seu rosto... Sinta a tensão se soltando das suas bochechas... do seu queixo... da sua garganta... (*Respire*).

Inspirando, traga sua consciência para os seus ombros. Expirando, deixe seus ombros relaxarem. Deixe que eles caiam pro chão... Deixe todas as tensões acumuladas fluírem pro chão... Você carrega muito peso nos ombros... Agora permita aos seus ombros relaxarem, enquanto você cuida deles (*Respire*).

Inspirando, traga sua consciência para os seus braços. Expirando, relaxe os braços. Deixe que seus braços desçam pro chão... a parte superior do braço... seus cotovelos... seus antebraços... seus punhos... mãos... dedos... todos os pequeníssimos músculos... Se precisar, mova seus dedos um pouco, para ajudar os músculos a relaxarem (*Respire*).

Inspirando, traga sua atenção ao seu coração. Expirando, permita ao seu coração relaxar... (*Respire*). Você pode ter negligenciado seu coração por muito tempo, pela forma como trabalha, come e administra sua ansiedade e estresse... (*Respire*). Seu coração bate por você noite e dia. Abrace seu coração com consciência plena e ternura, reconciliando-se com ele e cuidando dele (*Respire*).

Diga para si mesmo enquanto respira: "*Inspirando, estou consciente do meu coração. Expirando, eu sorrio para o meu coração*".

Inspirando, traga sua consciência às suas pernas. Expirando, deixe suas pernas relaxarem. Solte todas as tensões das pernas... das suas coxas... dos seus joelhos... das suas panturrilhas... dos seus calcanhares... dos seus pés... de todos os pequeninos músculos dos dedos dos pés... Você pode movimentar um pouco os dedos dos pés para ajudá-los a relaxarem... Envie o seu amor e carinho aos seus dedos dos pés (*Respire*).

Inspirando, expirando... todo o seu corpo se sente leve... como uma vitória-régia flutuando na água... Você não tem lugar algum para ir... nada para fazer... Você está tão livre quanto uma nuvem flutuando no céu... (*Respire*).

Traga sua consciência de volta à sua respiração... a sua barriga subindo e descendo (*Respire*).

Seguindo sua respiração, esteja consciente dos seus braços e pernas... Você pode querer mexê-los um pouco e alongá-los (*Respire*).

Se estiver fazendo esta prática antes de dormir, apenas continue a seguir sua respiração, inspirando e expirando.

Se estiver fazendo a prática como uma pausa durante o dia, quando se sentir pronto, lentamente, vá se sentando (*Respire*).

Quando estiver pronto, lentamente vá ficando de pé.

Fique, por alguns momentos, consciente da sua respiração enquanto você permanece ali antes de prosseguir para sua próxima atividade.

14.4 Meditação *Metta* – Que nós possamos viver livres de medo

Quando caímos nas garras do medo nós nos fechamos e não conseguimos ser compassivos ou generosos. Para amar os outros nós temos primeiro que ser amáveis e gentis conosco. Esta meditação primeiro nos ajuda a nos aceitar, inclusive o nosso sofrimento e felicidade simultaneamente, e depois, a ser capaz de desejar o bem dos outros.

Metta significa bondade amorosa. Nós começamos esta meditação com uma aspiração, como: *"Que eu possa viver livre de medo"*. Nós olhamos profundamente, com todo o nosso ser, para nos compreender. Depois podemos começar a desejar o bem dos outros: *"Que ele ou ela possa viver livre de medo. Que eles possam viver livres de medo"*. Nós não apenas falamos feito um papagaio: *"eu me amo, eu amo todos os seres"*. Temos que colocar o nosso coração nisto!

Quando praticamos, nós observamos o tanto de paz, felicidade e leveza que já temos. Nós observamos se estamos ansiosos acerca de acidentes ou infortúnios e quanto medo ou preocupação já existe dentro de nós. À medida que nos tornamos conscientes dos sentimentos internos, nossa autocompreensão se aprofunda. Compreendemos como nossos medos contribuem para nossa infelicidade, e compreendemos o valor de nos amar e cultivar um coração compassivo.

A prática Metta

Esta meditação foi adaptada de Visuddhimagga (O Caminho da Purificação) por Buddhaghosa, uma sistematização dos ensinamentos de Buda do século V d.C.

Sente-se quieto, acalme o seu corpo e respiração e recite esta aspiração para si mesmo:

> Que eu viva tranquilo(a), feliz, com o corpo e espírito leves.

> Que eu esteja fora de perigos e livre de injúrias.
>
> Que eu viva livre de medo, ansiedade, raiva e aflições.

A postura sentada é uma posição maravilhosa para praticar esta meditação. Quietamente sentado, você não está demasiadamente preocupado com outros assuntos, por isso pode olhar profundamente para si mesmo, como você é, cultivar amor por si mesmo, e determinar as melhores formas de expressar este amor no mundo.

Depois de praticar assim, você pode começar a oferecer esta aspiração aos outros:

> Que ela viva tranquila, feliz, com o corpo e espírito leves.
>
> Que ele viva tranquilo, feliz, com o corpo e espírito leves.
>
> Que eles vivam tranquilos, felizes, com o corpo e espírito leves.
>
> Que ela esteja fora de perigos e livre de injúrias.
>
> Que ele esteja fora de perigos e livre de injúrias.
>
> Que eles estejam fora de perigos e livres de injúrias.
>
> Que ela viva livre de medo, ansiedade, raiva e aflições.

> Que ele viva livre de medo, ansiedade, raiva e aflições.
>
> Que eles vivam livres de medo, ansiedade, raiva e aflições.

Ao oferecer estas aspirações, tente primeiro com alguém que você gosta, depois com alguém neutro para você, depois com alguém que você ama, e finalmente com alguém cujo mero pensamento nela lhe faz sofrer.

Para tornar esta prática concreta, você tem que ser totalmente capaz de visualizar você e a pessoa a quem está desejando o bem. De acordo com Buda, um ser humano é feito de cinco elementos, chamados de *skandhas* em sânscrito. Estes *skandhas* são: forma, sentimentos, percepções, formações mentais e consciência. De certo modo, você é o inspetor e estes elementos, o seu território.

Comece a prática *Metta* examinando profundamente o seu corpo. Faça algumas perguntas: Como está o meu corpo neste instante? Como ele era no passado? Como ele estará no futuro? Depois, quando você meditar em alguém que você gosta, alguém que é neutro para você, alguém que você ama, e alguém que você odeia, você também começa olhando os aspectos físicos daquela pessoa. Inspirando e expirando visualize o rosto dele, seu jeito de andar, de sentar e de conversar; o coração, os pulmões, os rins e todos os órgãos do corpo daquela pessoa, levando o tempo que for preciso para trazer à consciência estes detalhes. Mas sempre comece consigo mesmo. Quando vir claramente os seus próprios *skandhas*, compreensão e amor surgem naturalmente, e você sabe o que fazer e o que não fazer.

Observe os seus sentimentos – sejam eles agradáveis, desagradáveis ou neutros. Os sentimentos fluem em nós como um rio, e cada sentimento é uma gota d'água naquele rio. Olhe para o rio do seu sentimento e veja como cada sentimento passou a existir. Veja o que tem lhe impedido de ser feliz e de fazer o melhor que pode para transformar estas coisas. Pratique entrando em contato com os elementos maravilhosos, revigorantes e saudáveis que já estão dentro de você e no mundo. Fazendo isto, você se torna mais forte e melhor capacitado para amar a si mesmo e os outros.

Buda comentou que "A pessoa que mais sofre neste mundo é aquela que tem mais percepções equivocadas". Você vê uma cobra no escuro e entra em pânico, mas quando seus amigos jogam luz nela você vê que é apenas uma corda. Você tem que saber quais percepções errôneas trazem sofrimento. Meditar no amor lhe ajuda a aprender a olhar com clareza e serenidade para melhorar a forma como você percebe.

Depois, observe suas formações mentais, as ideias e tendências dentro de você que lhes levam a falar e agir da forma como faz. Note como você está influenciado por sua consciência individual e também pela consciência coletiva da sua família, ancestrais e sociedade.

Finalmente, olhe para sua consciência. De acordo com o budismo, a consciência é como um campo com todos os tipos de sementes possíveis contidos nele: sementes de amor, compaixão, alegria e equanimidade; sementes de raiva, medo e ansiedade; e sementes de consciência plena. A consciência é o armazém que contém todas estas sementes, todas as possibilidades do que pode surgir em sua mente. Meditação *Metta* pode trazer à tona as sementes de paz, alegria e amor na sua consciência mental enquanto zonas de energia e transformar as sementes do medo.

14.5 Os cinco treinamentos para uma consciência plena

Os cinco treinamentos para uma consciência plena proveem uma aplicação concreta, na vida cotidiana, da consciência plena. A prática dos cinco treinamentos para uma consciência plena nos ajuda a cultivar a Visão Correta, que elimina a discriminação, a intolerância, a raiva, o medo e o desespero. Se vivermos de acordo com estes cinco treinamentos, nós já estamos no caminho de um bodisatva. Sabendo que estamos neste caminho, nós não nos perdemos em medos relativos ao futuro ou em confusões relativas à nossa vida no presente.

1) Reverência pela vida

Consciente do sofrimento causado pela destruição da vida, estou comprometido(a) a cultivar o *insight* do interser, a compaixão, e aprender formas de proteger a vida de pessoas, animais, plantas e minerais. Estou determinado(a) a não matar, a não deixar que outros matem e a não apoiar qualquer ato mortífero no mundo, em meu pensamento e modo de viver. Compreendendo que ações prejudiciais surgem da raiva, do medo, da ganância e intolerância, que por sua vez nascem do pensamento dualista e discriminativo, cultivarei abertura, indiscriminação e desprendimento com relação a pontos de vista, para transformar a violência, o fanatismo e dogmatismo em mim e no mundo.

2) A verdadeira felicidade

Consciente do sofrimento causado pela exploração, injustiça social, roubo e opressão, estou comprometido(a) a praticar a generosidade em meu modo de pensar, falar e agir. Estou determinado(a) a não roubar e a não possuir qualquer coisa que deveria pertencer aos outros; e a compartilhar meu tempo, energia e recursos materiais com os necessitados. Praticarei contemplando profundamente, para compreender que a felicidade e o sofrimento dos outros não estão separados da minha própria felicidade e sofrimento; que a verdadeira felicidade não é possível sem compreensão e compaixão; e que correr atrás de riqueza, fama, poder e prazeres sensuais pode trazer muito sofrimento e desespero. Estou consciente de que a felicidade depende de minha atitude mental e não de condições externas. Sei que posso viver alegremente no momento presente apenas me lembrando de que já tenho condições mais do que suficientes para ser feliz. Comprometo-me a adotar um Estilo de Vida Correto para que eu possa reduzir o sofrimento dos seres vivos na Terra e reverter o processo de aquecimento global.

3) O verdadeiro amor

Consciente do sofrimento causado pela má conduta sexual, estou comprometido(a) a cultivar responsabilidade e aprender formas de proteger a segurança e integridade dos indivíduos, casais, famílias e sociedade. Sabendo que o desejo sexual não é amor, e que a atividade sexual motivada pelo desejo ardente prejudica a mim e aos outros, estou determinado(a) a não me engajar em relações sexuais sem amor verdadeiro e um compromisso profundo e duradouro levado ao conhecimento dos meus familiares e amigos. Farei tudo o que estiver ao meu alcance para proteger as crianças de abuso sexual e impedir que casais e famílias se separem devido à má conduta sexual. Compreendendo que corpo e mente é uno, comprometo-me a aprender formas apropriadas de cuidar da minha energia sexual e cultivar a bondade amorosa, compaixão, alegria e inclusão – que são os quatro elementos básicos do amor verdadeiro – para uma felicidade maior minha e de todos. Praticando o amor verdadeiro nós sabemos que continuaremos lindamente no futuro.

4) A fala amorosa e a escuta profunda

Consciente do sofrimento causado pela fala descuidada e inabilidade de escutar os outros, estou comprometido(a) a cultivar a fala amorosa e a escutar compassivamente para aliviar o sofrimento e promover a reconciliação e a paz em mim e entre outras pessoas, grupos étnicos, religiosos e nações. Sabendo que as palavras podem criar felicidade ou sofrimento, estou comprometido(a) a falar a verdade usando palavras que inspirem confiança, alegria e esperança. Estou determinado(a) a não falar quando a raiva estiver manifesta em mim. Praticarei respirando e andando conscientemente para reconhecer e compreender minha raiva profundamente. Sei que as raízes da raiva podem ser encontradas em minhas percepções errôneas e na incompreensão do sofrimento existente em mim e na outra pessoa. Falarei e escutarei de uma maneira que possa ajudar a mim e a outra pessoa a transformar o sofrimento e encontrar uma saída para as situações difíceis. Estou determinado a não espalhar notícias que não sei se são verídicas, e a não proferir palavras que possam causar divisão ou discórdia. Praticarei a Diligência Correta para nutrir minha capacidade de compreender, amar, ser alegre e inclusivo(a), e a minha capacidade de transformar gradualmente a raiva, a violência e o medo que repousam nas profundezas da minha consciência.

5) Nutrição e cura

Consciente do sofrimento causado pelo consumo inconsequente, estou comprometido(a) a comer, beber e consumir conscientemente para cultivar a saúde física e mental, minha, da minha família e sociedade. Praticarei contemplando profundamente como estou consumindo *Os Quatro Tipos de Nutrientes*, a saber: alimentos comestíveis, impressões sensoriais, volição e consciência. Estou determinado(a) a não participar de jogos de azar, ou usar bebidas alcoólicas, drogas ou quaisquer outros produtos que contenham toxinas, como certos websites, jogos eletrônicos, programas de televisão, filmes, revistas, livros e conversas. Praticarei retornando ao momento presente para estar em contato com os elementos revigorantes, saudáveis e nutritivos em mim e à minha volta, não permitindo que remorsos e aflições me arrastem de volta ao passado, e não permitindo que ansiedades, medos ou desejos intensos me tirem do momento presente. Estou determinado(a) a não tentar encobrir minha solidão, ansiedade ou outro sofrimento através do consumismo. Contemplarei sobre a interexistência e consumirei de um modo que preserve a paz, a alegria e o bem-estar no meu corpo e consciência, e no corpo e consciência coletiva da minha família, sociedade e do Planeta Terra.

14.6 As cinco consciências

As cinco consciências permitem a você praticar a consciência plena com alguém que você ama. Recitar juntos estas consciências pode ajudá-lo a fortalecer o apoio de um pelo outro em tempos difíceis. Elas podem ser um episódio maravilhoso numa cerimônia de casamento, mas elas podem também ser usadas em qualquer relacionamento onde um queira apoiar o outro na prática. As cinco consciências podem ajudar qualquer relacionamento a se tornar mais forte e mais duradouro.

1) Estamos conscientes de que todas as gerações dos nossos ancestrais e todas as gerações futuras estão presentes em nós.

2) Estamos conscientes das expectativas que nossos ancestrais, nossos filhos e os filhos deles têm em relação a nós.

3) Estamos conscientes de que nossa alegria, paz, liberdade e harmonia são a alegria, a paz, a liberdade e harmonia dos nossos ancestrais, dos nossos filhos e dos filhos deles.

4) Estamos conscientes de que a compreensão é o fundamento do amor.

5) Estamos conscientes de que acusar e brigar nunca ajudam e só criam uma distância maior entre nós. Somente a compreensão, a confiança e o amor podem nos ajudar a mudar e a crescer.

Na primeira consciência nós nos vemos como um elemento de continuação dos nossos ancestrais e como um elo para as futuras gerações. Quando vemos desta maneira, nós sabemos que, cuidando bem do nosso corpo e consciência no momento presente, estamos cuidando de todas as gerações passadas e futuras.

A segunda consciência nos lembra que os nossos ancestrais têm expectativas com relação a nós e que os nossos filhos e os filhos deles também têm. Nossa felicidade é a felicidade deles; nosso sofrimento é o sofrimento deles. Se examinarmos profundamente, nós saberemos o que nossos filhos e netos esperam de nós.

A terceira consciência nos diz que alegria, paz, liberdade e harmonia não são questões individuais. Nós temos que viver de maneira que permitam aos nossos ancestrais internos serem libertados, para assim nos libertarmos. Se não os libertarmos, nós mesmos estaremos aprisionados por toda nossa vida, e nós transmitiremos isto aos nossos filhos e netos. Agora é a hora de libertar os nossos pais e ancestrais internos. Nós podemos oferecer a eles alegria, paz, liberdade e harmonia ao mesmo tempo em que oferecemos alegria, paz, liberdade e harmonia para nós mesmos, para os nossos filhos e os filhos deles. Isto reflete o ensinamento do interser. Enquanto os nossos ancestrais internos ainda estiverem sofrendo, nós não conseguiremos ser realmente feliz. Se dermos um passo conscientemente, livremente e alegremente tocando a terra, nós fazemos isto para todos os nossos ancestrais e todas as futuras gerações.

A quarta consciência nos diz que onde existe compreensão, existe amor. Quando compreendemos o sofrimento de alguém, nós estamos motivados a ajudar, e as energias do amor e compaixão são liberadas. Tudo o que fizermos neste espírito será pela felicidade e libertação da pessoa que amamos. Nós temos que praticar de um modo tal que qualquer coisa que fizermos aos outros os fará felizes. A vontade de amar não basta. Quando as pessoas não compreendem umas às outras é impossível que elas amem umas às outras.

Lembre-se de praticar no contexto de uma comunidade. Faça tudo o que puder para trazer felicidade para o ar, a água, as rochas, as árvores e os humanos. Viva sua vida diária de tal maneira que possa sentir a presença da comunidade consigo o tempo inteiro, e você receberá o tipo de energia que precisa toda vez que confrontar dificuldades em sua vida e na vida do mundo. O mundo precisa que você esteja atento e consciente do que está acontecendo.

Nós temos que viver profundamente cada momento que nos é dado para viver. Se for capaz de viver profundamente um momento da sua vida, você pode aprender a viver da mesma maneira todos os outros momentos da sua vida. O poeta francês René Char disse: "Se conseguir permanecer em um momento, você descobrirá a eternidade". Faça de cada momento uma oportunidade de viver profundamente, alegremente, em paz. Cada momento é uma oportunidade para nós fazermos as pazes com o mundo, tornar a paz possível no mundo, tornar a felicidade possível para o mundo. O mundo precisa de nossa felicidade. A prática do viver consciente pode ser definida como a prática da felicidade, a prática do amor. Nós devemos cultivar em nossas vidas a capacidade de ser feliz, a capacidade de ser amoroso. Compreensão é a base do amor. E examinar profundamente é a prática fundamental.

Nós praticamos a quinta consciência porque, mesmo sabendo que culpar e discutir nunca ajuda, nós nos esquecemos disso. A respiração consciente nos ajuda a desenvolver a habilidade de parar naquele momento crítico, e nos resguardar das acusações e discussões.

Todos nós precisamos mudar para melhor. É nossa responsabilidade cuidar um do outro. Somos os jardineiros, aqueles que ajudam no crescimento das flores. Com compreensão as flores crescerão lindamente. Boa vontade não basta; precisamos aprender a arte de fazer os outros felizes. Arte é a essência da vida, e a substância da arte é a consciência plena.

Conecte-se conosco:

 facebook.com/editoravozes

 @editoravozes

 @editora_vozes

 youtube.com/editoravozes

 +55 24 2233-9033

www.vozes.com.br

Conheça nossas lojas:
www.livrariavozes.com.br

Belo Horizonte – Brasília – Campinas – Cuiabá – Curitiba
Fortaleza – Juiz de Fora – Petrópolis – Recife – São Paulo

  Vozes de Bolso

EDITORA VOZES LTDA.
Rua Frei Luís, 100 – Centro – Cep 25689-900 – Petrópolis, RJ
Tel.: (24) 2233-9000 – E-mail: vendas@vozes.com.br